大西 連
Ren Ohnishi

絶望しないための貧困学

ルポ　自己責任と向き合う支援の現場

ポプラ新書
174

本書は事実をもとに書かれています。プライバシーに配慮し、一部、詳細を変更しました。「もやい」創設メンバーの稲葉《いなば》剛《つよし》氏と筆者をのぞき、すべて仮名です。

新書化にあたり　貧困問題との「再会」、解決を阻む「見えない壁」

本書は2015年に刊行された僕の初の単著となる『すぐそばにある「貧困」』を新書化したものである。筆者である僕自身を主人公とし、2010～12年にホームレス支援や生活困窮者支援の現場で出会った人々のストーリーを描いた本である。

この本がテーマとしているのは、「年越し派遣村」「東日本大震災」「生活保護バッシング」など、急速に変化する社会情勢とそのあおりを受ける人々の姿であり、「ホームレス」「ネットカフェ難民」「DV」などの、貧困や生活困窮の実情や背景であり、「不正受給」や「自己責任」などといった、メディアで消費されていく言葉と、その内実である。

2019年の現在、「日本に貧困はない」と言う人はいない。貧困の定義や基準について、議論やすれ違いが起こることはあっても、いまのこの日本で、私たちの社会は「一億総中流」である、と考えている人はいない。それこそ、「一億総活躍社会」が政府のスローガンになる時代なわけで、これは逆説的に言えば、それだけ活躍できていない人がいる、ということを象徴的に表している。「貧困」は間違いなく日本社会に存在し、そして、じわじわと私たちを蝕んでいるのだ。

振り返れば、平成のはじまりとともにバブルが崩壊し、日本経済の成長神話が霧散するとともに、都市部では野宿の人などホームレス状態の人がターミナル駅などを中心に一気に増加した。2002年には、いわゆる「ホームレス自立支援法」が成立し、ホームレス対策としての公的な支援がスタートするが、一方で、2004年の製造業派遣の解禁を機に非正規労働者が全国に急速に拡大していく。2000年代の半ばには「ワーキングプア」「ネットカフェ難民」など、働いているが生活が厳しい、野宿はしていないが安定した住まいを持てない、などの「新しい貧困」の問題が噴出した。

そして、2008年秋に起きた「リーマンショック」とその後の「年越し派遣村」は、社会問題としての「貧困」をあぶりだすとともに、「貧困対策」としての政策の必要性を社会に提起した。いわゆる「子どもの貧困対策法」、「生活困窮者自立支援法」をはじめとした諸施策が誕生した2010年代には、一方で、生活保護基準の引き下げや、生活保護利用者への管理的な側面を前面に出した生活保護法改正など、厳しい社会保障への削減や圧縮も見られた。そして、この傾向は現在も続いている。

私たちの社会は、高度経済成長とともに一度忘れかけていた「貧困」の問題に再会し、そしていま、その解決のために何ができるのか、何をすればいいのか、大きな壁にぶちあたっている、と言っていいだろう。そして、これは「貧困」の問題に限らず、少子高齢化や雇用の問題、待機児童に大学生の奨学金の問題など、あらゆる分野、フィールドで同様の「壁」に行く手を阻まれている。

では、この「壁」とは何であろうか。

社会課題をどう解決するのか、といった方法論や予算、社会的コンセンサスなどといった現実的なハードルは「壁」と言えるだろう。もちろん、これが最も大きな「壁」と言えるが、その「壁」を越えるために打ち破らなければならない別の大きな「壁」が存在する。

本書は『すぐそばにある「貧困」』というタイトルで刊行された。これは、文字通り、「貧困」がすぐそばにある、ということをメッセージにしたかったからである。

実際に、6人に1人が「貧困」[*1]と言われるこの日本で、「貧困」は私たちのすぐそばにある。しかし、私たちは、それを感じているのだろうか。

働いている人で年収200万円以下の人が約1100万人[*2]いる。65歳以上の単身男性の貧困率が29・2%で、同じく65歳以上の単身女性の貧困率は46・2%[*3]である。15～39歳の若年無業者の数は全国で71万人[*4]にのぼり、東京都では1日約4000人がネットカフェで寝泊まり[*5]している。

「貧困」は数字で語られることが多い。もちろん、社会の問題として対策を考え、政策を立案し、予算を組んで実行するためには、数字はとても重要だ。

しかし、これらの数字が語りかける「問題の深刻さ」は、必ずしも私たちにとって具体的なイメージをともなうものではないだろう。身近な問題として感じるよりも、どこか「あちら側」の問題として、あくまで社会課題としての認識にとどまってしまうことが多い。

そう、あちらとこちらとを隔てる「見えない壁」。その壁が、私たちの前に立ちはだかる「大きな壁」である。

すぐそばにあるけれど、なかなか身近に感じられていない。じわじわと広がっているけれど、切迫感がない。自分もちょっと困っているけれど周囲も状況は似ているからこんなもんだと思っている……。

実際には、こちらとあちらの境目は、すでにあいまいになっているのに、どこか「自分は違う、自分はまだ大丈夫だ」と強がってしまう。「壁」なんて強固なものではすでにないのに、自ら「見えない壁」をつくってしまっている。

この「壁」をどう打ち破ることができるのか。どう乗り越えていけばいいのであろうか。そして、それをどう考えていけばいいのであろうか。

今回、新書化にあたり、『すぐそばにある「貧困」』から、『絶望しないための貧困学』と改題した。「貧困学」と言うと、なんだか高尚なアカデミックな本のように思う方もいるだろうし、そう思って手に取った方もいるかもしれない。

繰り返しになるが、本書は、社会課題としての「貧困」を根底のテーマとしている。しかし、あえて個人のストーリーをベースにして「貧困」を描くことにこだわった。そこに生きる人々の姿を通してその実相を伝えることに集中した。

それは、数字で語られやすい、あるいは「子どもの貧困」「女性の貧困」のように、ある特定の「かたち」で規定されやすい「貧困」について、抽象化されることによって見えてくるものもあれば、見えにくくなるものもある、という視座に立ってのことである。

当たり前の話だが、「貧困」という属性を有する人はいない。「貧困」は状態だからだ。社会問題としての「貧困」は、一人ひとりのレベルで見れば、その状態を生きる人の生きざまであり、歴史であり、過程であり、結果である。

数字としての「貧困」と、実際にそのなかで生きる人々の姿を描く。それこそが、その両者のギャップを埋め、私たちが無意識に築いてしまっている「見えない壁」を打ち破るためのヒントになるのではないか。本書は学術的な本ではないが、貧困を学ぶための入門書である。必要なデータも適時コラムで補いつつ、ストーリーを通じて「貧困」を考えるにあたっての、見落とされがちな視座を提供することを目的としている。「貧困学」という言葉にはそんな目論見と、ささやかな希望を込めている。

これからの新しい時代に、日本社会は「貧困」をどうとらえ、どう評価し、どう立ち向かっていくのであろうか。また、私たち自身も、すぐそばにある「貧困」と、どう対決し、共存し、乗り越えていくのであろうか。もはや、絶望しているヒマはない。必要なことは、実態を知り、考え、行動することであろう。本書がその一助となれば幸いである。

前置きが長くなった。では、これから一緒に『絶望しないための貧困学』をはじめよう。

2019年6月　大西 連

＊1—厚生労働省「国民生活基礎調査」(2016年)

＊2—国税庁「民間給与実態調査」(2018年)

＊3—阿部彩「日本の相対的貧困率の動態：2012から2015年」科学研究費助成事業(科学研究費補助金)(基盤研究(B))「「貧困学」のフロンティアを構築する研究」報告書(2018年)

＊4—内閣府「平成30年版 子供・若者白書」(2018年)

＊5—東京都「住居喪失不安定就労者等の実態に関する調査」(2018年)

絶望しないための貧困学／目次

貧困が一定程度広がったら
政策で対応しないといけませんが、
社会的に解決しないといけない
大問題としての貧困は
この国にはないと思います。

——当時の総務大臣の発言
『朝日新聞』2006年6月16日付

まえがき

「もう、終電ないじゃん……」

２０１５年２月。新宿。僕は、とある病院の救急外来でずっと待たされていた。時計を見るとすでに深夜の２時。救急の患者さんやその家族がひっきりなしに訪れ、待合室は騒がしい。夜間の救急窓口にはこれまで何度も来ているが、いっこうに慣れない。子どもが熱を出して駆け込んできたお母さん、酔っ払って転倒したのか靴が片方なくなっているサラリーマン風の男性、搬送されてきた妻の無事を祈る初老の男性……。僕はというと、もうかれこれ３時間は、壁にかかったいわさきちひろのカレンダーをにらみ続けている。

なんでここにいるのだろう、と自分に問いかけながら。

「支援団体の方ですか？」

処置室のドアが開き、見るからに屈強そうな年配の看護師が近づいてきた。こちらを見る眼差しは、心なしか冷たい。

「はい。ニシノさんは大丈夫ですか？」

「点滴を終えられたのでお帰りになられます。いまこちらにお通ししますので、よろしくお願いしますね」

またか。自然とため息が出る。「お帰りになる」＝「出ていってくれ」というのはこの世界の常識だ。でも、帰れと言われても困ってしまう。彼には帰る場所がないのだから。

「歩けますか？」

「わかりません。いまは眠っています。場所を空けないといけないので早めにお願いします」

歩行も難しい状態で救急搬送したのに、歩けるかどうかもわからないまま治療は終了したようだ。それに、眠っているのに場所を空けてくれってことは、僕が起こせってことかしら？

「困ったな……」

ニシノさんは路上生活者、いわゆる「ホームレス」だ。日本では「ホームレス」であっても、救急搬送された場合は適切な治療を受ける権利が保障されている。やむを得ず入院ということになると、そのまま生活保護の利用へとつながることも多い。でも、入院にならなかった場合、治療が終わると同時に路上に帰されてしまうことがほとんどだ。

もちろん、本当に困っているのなら役所で生活保護の申請をすればいい。でも、今回のように夜間や休日になると役所が開いていないし、救急搬送されるくらいだから体調も悪いわけで、病院から役所まで移動するだけでも大変だ。

「あの……。ニシノさん？」

処置室。点滴のチューブを刺され、ベッドの上で安らかな寝息を立てるニシノさん。いまから僕はこのおじさんを起こさなければならない。わずかながら、罪悪感を覚える。

この瞬間はいつも試されている気がする。さっき会ったばかりの縁もゆかりもない人。本来であれば、ここまで面倒を見る義理はない。

もし入院になっていたら、そのまま帰れたんだけどな……。

「ニシノさん、お加減いかがですか？　歩くのは難しそうだし、とりあえずタクシーで新宿に行きましょうか。駅のほうに行けばカプセルホテルもあるから、今夜はそこに泊まって、明日、役所に生活保護の申請に行きましょう」

「ああ……お兄さん、本当に悪いねえ。でも、お金がないから泊まれないよ」

「大丈夫ですよ。お金はとりあえず僕がなんとかするので」

結局、僕はニシノさんを区役所通りのカプセルホテルまで送ることにした。フロントで手続きを終える頃にはもう明け方の4時。思わぬ出費で、財布のなかはからっぽになっていた。

「仕方がないからマックに泊まるか……」

生活困窮者支援をしている側なのに、支援すればするほど自分が貧乏になっていく。

そう、これが僕の日常。そして、日本の「貧困問題」に取り組む支援者たちの日常です。


僕はいま、「認定NPO法人自立生活サポートセンター・もやい」というところで、生活にお困りの方への相談支援の活動をしています。2014年7月、27歳の時に現在の理事長職に就きました。「食べるものがない」「住むところがない」などの生活に困ってしまった人が、生活を再建するために公的な制度を使えるようにアドバイスをおこなったり、役所の窓口に同行したりと、主にそういったことをしています。

全国からもやいに寄せられる相談件数は年間約3000件にのぼります。僕自身、こういった活動をはじめてまだ日は浅いほうですが、これまでに1000人以上の方の相談をおこない、また、数百人の方の同行支援をしてきました。活動に参加しはじめたのは2010年からなので、5年という短い期間にしては、なかなかの数だと思います。

人の相談にのるということは、その人の人生そのものに耳を傾けることでもあります。生活に困ってしまう理由や背景は本当にさまざまですし、10人いれば10通りのストーリーがあります。

この人はいったいどんな人生を歩んできたのか、どんな価値観や感性で生きてきたのか。この人はいま何に困っていて、これからどんな生活をしていきたいのか。

悩みながら、彼ら、彼女ら一人ひとりと向き合う日々です。

「貧困問題」と聞くと、自分とは関係のない、どこか遠い世界の話だと思う方も多いでしょう。

でも、いまや日本人の6人に1人が相対的貧困状態にあるとされ、僕たちと貧困を隔てる壁は、限りなく薄く、もろく、そして見えづらくなっています。

それに、暮らしを守る「最後のセーフティネット」である生活保護制度やさまざまな社会保障制度は、近年、徐々にではありますが予算を削減され、個人や家族の負担もまた、年々大きくなっています。先の見えない日本社会のなかで、誰もが職を失ったり、病気にかかったりするリスクを背負っています。そしてこれは、必ずしもいま現在生活に困っている人たちだけの問題ではありません。今後、予期せぬきっかけで急に困ったことになるかもしれない僕たちを支える「社会の基盤」が、脆弱になってきていることを意味しているのです。

貧困におちいってしまった人たちは、果たして特別な存在なのでしょうか？　もちろん、なかには凄惨な経験や筆舌に尽くし難い過去など、特別な事情をかかえている人もいます。しかし、そのほとんどがこの社会のなかでみんなと同じように生活し、同じように学校に通い、同じようにスーパーで買い物をし、同じようにテレビ番組を見て笑ってきた人たちです。そしてある日、ふとした瞬間、彼らは、彼女らは、貧困という落とし穴におちいってしまった……。

「貧困」は、別の誰かの話ではない。誰の身にもふりかかり得る、すぐそばにあるものなのです。だからこそ、ふだん何ともなしに通り過ぎている日々のあれこれや、すれ違ったきりもう二度と会うことのない誰かの人生に、ちょっとだけ勇気を出して踏み込んでみる——。

そこには、僕たちが知らずにきてしまった世界が広がっているのです。

これから、僕が出会った「困っている人たち」を、この目で見た貧困の現場を、率直に綴っていこうと思います。

「貧困ってなんだろう?」

このとらえどころのない問いに対する答えを、みなさんと一緒に考えていけたら嬉しいです。

第1章　路上

僕が本格的な生活困窮者支援をはじめるようになって、もう5年くらい経つ。それでも、いまだにふと、「どうしてこんなことをやっているのだろう」と考える瞬間がある。

路上の冬は、尋常じゃなく寒い（もちろん夏は暑い）。炊き出しや夜回りといった活動も、おこなわれるのはたいてい夜だ。必然的に家に帰るのも遅くなる。見ず知らずのおじさんに、自腹を切ってタクシー代やホテル代を払うことだってざらだ。冷静に考えれば、20代の若者が人生を捧げるべき活動には思えないだろう。

じゃあ、どうしてこんなことをしているのか？

そのことを考えた時、ある一つのエピソードに行きあたった。

ひんやりとした地面の感触。煌々《こうこう》と燃えるあたたかな炎。かじかんだ手をかざす僕。隣にはカツさんがいて、正面にはケンちゃんがいる。そして、周囲にはカップ酒を片手に談笑する、名前も知らないホームレスのおじさんたち——。とても懐かしい光景。

2004年の冬。僕が生まれて初めて路上で夜を明かした日のことだ。

＊

なんてバカなことしたんだろう……。

渋谷で終電を逃した僕はその日、母に「友人宅に泊まる」とだけメールし、池袋に向かってとぼとぼと歩いていた。寒さと疲れから、心は折れる寸前だった。

午前3時過ぎに着いた池袋。始発前の東口のロータリーには人っ子一人おらず、2月の空気の冷たさに押しつぶされそうになりながらも、仕方なくそこで始発を待つことにした。

ガードレールに寄りかかり、ほんと何やってんだろう……と一人つぶやき、白い息を吐き出す。すると、ふいに誰かに声をかけられた。

「兄ちゃん、どうした？」

ビクッとし、恐る恐る振り返る。そこには、黒のダウンを羽織り、ブカブカのパンツをはいた、髪がボサボサのおじさんが一人。タバコをくわえ、怪訝そうに僕を見つめている。

「えっ。いや、あの……始発を待って、まして」

カラオケで歌いすぎたせいか、声がかすれる。

「え？　何？　聞こえないよ？　なんだって？」

「あの、だから、始発が動くのを待ってるんです」

恐怖で口もうまくまわらない。

「こんな寒いなかバカみたいに突っ立って。どっか店にでも入ったらどうだい？」

「いや、でもお金が……」

延長に延長を重ねた結果、財布のなかはすっからかんだった。

それに、こんな夜遅くに高校2年生を受け入れてくれるような店があるはずもない。

「兄ちゃん、どう見ても高校生か大学生くらいにしか見えないけど、ホームレス？」

「え？　い、いやいや、違いますよ。だから、始発で帰ろうと思っていて……。定期があるから、あと1時間ちょっと待てば帰れるんです」

「なんだ、そうかい。でも、こんなところにそんなカッコでいたら風邪ひくよ？　こっちに来なよ。あたたかいところがあるんだ」

そう言うとおじさんは、問答無用でスタスタと歩き出した。どこに連れていくつもりなのだろう。このおじさん、完全にアレだよな。いわゆる、「ホームレス」ってやつだよな……。

さまざまな不安が頭をよぎった。でも、当時の僕は疲れのためか「もうどうにでもなれ！」と、投げやりな気持ちになっていた。自分の進路のことも、将来のことも、何も考えたくなかった。

気がつけば僕は、そのおじさんの背中を追いかけるように歩き出していた。

＊

１９８７年、平成一歩手前の昭和62年。ベルリンの壁がまだ健在だった時代に僕は生まれた。野球で言えば、１歳上にダルビッシュ有、１歳下に田中将大がいる。「ゆとり世代」にギリギリ入るか入らないか、といったところだ。

育ったのは池袋から私鉄で20分ちょっと、埼玉と境を接する郊外の町だ。家は決して裕福ではなかったが、かといって貧しいわけでもなく、いわゆる中産階級的な家庭だった。サラリーマンの父とパート勤めの母、それから兄が１人いて、家族４人、小さいながらも一軒家を構え（購入したのは祖父）、居ついた野良ネコを１匹、そのまま飼って暮らしていた。

ただ、両親ともにヨーロッパ留学の経験があり、「誰もが個人として尊重されるべきだ」とか、「困っている人が支えられるような仕組みをつくるべきだ」とか、「スウェーデンのような福祉国家がいい」みたいなことを、小さい頃から刷り込まれてきた。

1999年には兄の影響からお受験に挑戦。家から電車で約1時間、都心の中高一貫校に入学することになった。思えば、これが僕の人生における一つ目の転機だった。

その学校には、ベンツで登校する大金持ちのご子息や、下町の小汚い中華料理屋の三男坊、授業中に自作のパソコンでプログラミングに勤しむヲタク少年に、金髪にピアスのチャラ男など、個性豊かな生徒たちが通っていた。

ただ、そうは言ってもちゃんとした進学校で、同級生たちはそれぞれ人生の目標を持ち、やりたいことや好きなことに打ち込みながら日々を過ごしていた。少なくとも、僕の目にはそう映った。でも、一方の僕は何か目標を持って努力するタイプでもなく、将来の夢があるわけでもなかった。意識の高い同級生たちに囲まれ、次第に居場所のなさを感じるようになっていった。

やがて僕は不登校になった。それでも家族に心配をかけるのはいやだったから、家に引きこもるようなことはせず、学校に行くふりをして、東京の街のあちこちでぼんやり過ごした。

幸いにもエスカレーター式の学校だったから高校には進学できたのだが、高校2年の終わり頃になると、「進路」という現実が一気に押し寄せてきた。

久しぶりに顔を出した学校。まわりの同級生たちが受験モードに入り、将来のビジョンを語るなか、僕だけがぽつんと取り残されたようだった。勉強だってしていない、やりたいことも就きたい職業もない（フラフラしていたのだから当然だが……）。両親は良くも悪くも放任主義だったから、すべて自分で決めないといけない。

担任の先生からもらった進路希望書の空欄が怖かった。そんな僕を見かねてか、ある日、担任が両親もまじえた三者面談を提案してきた。

「このままだと出席日数が足りずに卒業できなくなるかもしれないから、先生のほうからご家庭に連絡しますね。みんなきみのことを心配しているから、きみなりに考えてみてくださいね」

先生も、きっと心から心配してくれていたのだろう。でもこれは、僕が最も恐れていた事態だった。あの真面目でピースフルな両親に迷惑をかけるなんて、耐えられない……。

僕はその日、家に帰る気になれず、なんとなく渋谷駅に降り立ったのだった。このモヤモヤをどうにかしたい、それだけの思いで一人で入ったカラオケ店。最初はちょっと歌ったら帰るつもりだった。でも、歌いだしたらとまらなくなってしまい、声がかれる頃には終電もなくなっていた。からっぽになった財布を見つめ、激しく後悔した。

なんてバカなことをしたんだろう……。

*

「家はここからどのくらいなの？」

「電車で20分くらい、駅から歩いて15分くらいのところです」

「ふーん、一人暮らし？」

「いえ、実家です。両親と暮らしています」

「そうかい、てことは学生さん？」

一見普通の会話のようだが、相手は見ず知らずの「ホームレス」らしきおじさんだ。さて、それにしてもなんと答えたものだろう。学生は学生なのだが、バレたら大変なことになるかもしれない。

「えっと……フリーターです」

とっさに嘘をついてしまった。

「ん？　フリーターってなんだ？」

疑うそぶりはない。というより、フリーターという言葉自体、知らないようだ。

「えっ。あの、アルバイトとかして生活してるんです」

「ああ、なるほど。そうなのか。このご時世じゃあ、なかなか稼げないだろうし大変だねえ」

おじさんが笑いかけてくる。

「えっと、まあ、そうですね。たぶん、大変です……」

「おいおい。たぶんってなんだよ。貧乏人同士、仲良くやっていかなきゃな。兄ちゃんも俺らの仲間なんだからよ」

仲間？　仲間って「ホームレス」の？　さらっと言ったけど、勝手に仲間にしないでくれ！

心のなかでつっこみを入れていると、急におじさんが立ち止まり前方を指さした。

「ほら、兄ちゃん、着いたぜ。そこだよ」

目をやると、数人の「ホームレス」らしき集団が一斗缶に火をくべて暖をとっている。近くには新聞紙や段ボールで寝床を整えている人もいる。

「ケンちゃん、そこで若いのを拾ってきたから、少しあたたまらせてやってくれ。今日もならびの仕事[*1]にありつけなかったよ。不景気で困っちまうよなあ」

ケンちゃんと呼ばれた男性はリーダー格なのだろう。たき火の正面に陣取り、競馬新聞片手にカップ酒を飲んでいる。

「カツさん、勘弁してくれよ。また新しいの連れてきたのかよ。この前のこと忘れたのか？　あんたの世話焼きにはもううんざりだ……」

ケンちゃんはそう言いながらも、寝床から黄ばんだ座布団を持ってきて僕に差し出した。

「違うってケンちゃん。この兄ちゃんは電車が動くまであたたまりたいだけだ。こんなきれいなカッコしたお坊ちゃまが、俺らみたいなホームレスなわけねえだろうが」

おじさんがそう言って笑うと、そこにいたホームレスの人たちが一斉にケラケラと笑い出す。

怖い……過去最高に、怖い。僕を案内してくれたおじさんは、カツさんと呼ばれているようだ。恐る恐る座布団に腰を下ろすと、カツさんからおもむろにカップ酒を手渡された。

「飲むか？」

「い、いや、未成年な……じゃなくて、僕、お酒飲めないので」

「なんだよ、遠慮すんなって。身体、あったまるぞ？」

「いや、ほんと大丈夫です。すいません。ほんと、はい……」

自分は、いったいこんなところで何をしているのだろう……。一刻も早く帰らないと。

意を決して立ち上がろうとする。

しかしその時、ケンちゃんが僕に向かって小さく言った。

「兄ちゃん、どんな事情があるかは知らないがあんたはまだ若い。俺たちみたいには、なるなよ」

え？　それって……。

顔を上げると、ケンちゃんと目が合った。思わず言葉をのみ込む。

真剣でやさしい眼差しに、何も言えなかった。

上げかけた腰を再びおろした僕は、おじさんたちにならって、ただ黙って火に手をかざした。


ガタンゴトン、ガタンゴトン――。

朝の静けさのなか、遠くかすかに音が聞こえてきた。駅のシャッターが開いて街が目覚めだし、始発を待っていた人たちが、わらわらと駅に向かって集まっていく。

「さて、俺たちも行くか」

ケンちゃんの音頭で一斗缶は片づけられ、おのおの自分の荷物やダンボールを持って、三々五々、街に消えていく。

「兄ちゃん、じゃあな。今度はちゃんと帰りなよ」

別れ際、ケンちゃんが僕の肩を軽く叩き、静かに微笑んだ。

*

始発電車にゆられ、車窓から朝日が昇るのを眺めながら、僕はケンちゃんの言葉を思い返していた。不思議な体験だったな……。

怖かったけど、よくよく考えれば、ケンちゃんもカツさんも、ほかの人も、縁もゆかりもない僕にすごく親切にしてくれた。ちょっとお酒くさかったけど。

翌日の放課後、あの二人のことがなんとなく気になって、池袋駅東口のロータリーやガード下などをくまなくまわってみた。

でも、ケンちゃんやカツさんの姿を発見することはついにできなかった。

＊

2005年、僕はなんとか高校を卒業した。結局やりたいことも見つからず、進学する気にもなれず、将来のビジョンもないままフリーター生活に突入した。

フラフラとアルバイトをし、路上に出てもおかしくないような生活をしていた時期もあった。いま思い返しても、自分の無計画さにはあきれてしまう。

でもこの時、もし大学進学や就職という道を選んでいたら、日々路上に繰り出すいまの人生はなかっただろう。

ふと、考える。ケンちゃんやカツさんたちは、いまどうしているのだろう？

まだホームレスをしているだろうか。それとも路上生活を脱し、アパートなどで暮らしているのだろうか。消息は一切わからない。

でも、あの日の一斗缶のあたたかさは、いまでもたまに思い出す。

「俺たちみたいには、なるなよ」

それって、どういうことですか？

あの日、口にできなかった疑問。この時感じた疑問が、いまの僕の原点だったのかもしれない。

とはいえ、せわしないフリーター生活を送るうちに、徐々にその記憶も薄れていった。もう野宿することも、ホームレスのおじさんと話すこともないと思われた。

しかし5年後、僕の支援活動人生は思わぬかたちではじまりを告げることになる。

＊1――限定商品などをほしがっている人の代わりに、早朝から店などに並ぶ仕事のこと。

Column 1　6人に1人が貧困の日本

「貧困」について考える指標として「絶対的貧困」と「相対的貧困」という概念があります。

世界銀行のデータ（2015年）によれば、一日1・9ドル（アメリカドル）未満で暮らしている人は世界で約7億3600万人、人口で言うと人類の約10％になると言われています。もちろん、国や地域によって物価は違いますが、1日1・9ドル（＝2019年5月末時点で約210円）未満の生活というのは、食べ物を買えない、安全な水を得られない、学校にも病院にも行くことができないなど、相当な困窮状態にあると言え、「絶対的貧困」と呼ばれます。

一方の「相対的貧困」とは、その国で生活している人のなかで、相対的に貧困状態にある人がどのくらいいるかという指標で、国民一人ひとりを所得順に並べた時、真ん中にくる人の値の半分に満たない人の割合を指します。2015年の日本は、この真ん中の値が244万円（月に使えるお金が約20万円）だったので、その半分にあたる122万円（月に使えるお金が約10万円）以下の人が15・7％とされました。

このように、一口に「貧困」と言ってもさまざまな尺度があり、先進国のなかにも「貧困」は確かに存在します。日本は「絶対的貧困」こそ少ないものの、「相対的貧困」の年次推移を見てみると、実に6人に1人が貧困状態にあり、近年その割合は増加傾向にあります。国際比較でも、日本の相対的貧困率の高さはOECD諸国のなかで上から数えたほうが早いくらい。社会全体として貧困や格差をどうなくしていくのか、もっと議論していく必要があるでしょう。

日本の相対的貧困率の年次推移

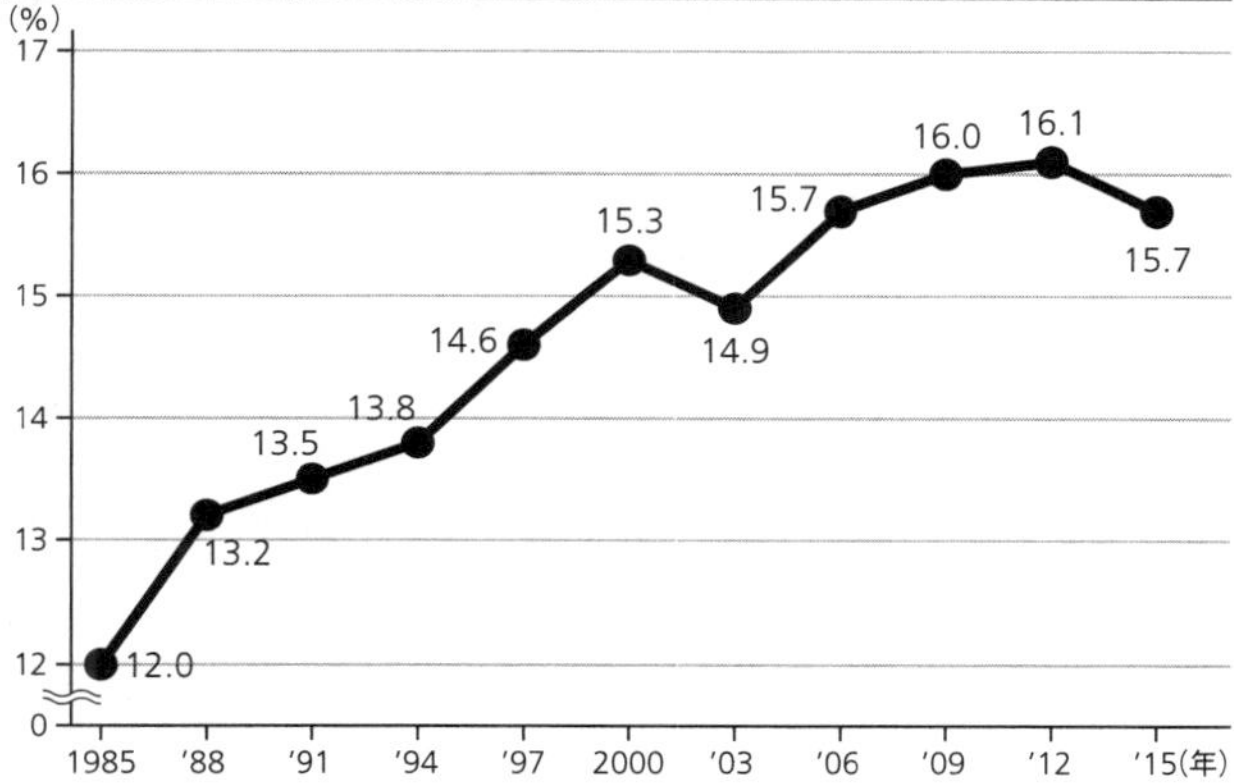

厚生労働省(以下、厚労省)「平成28年 国民生活基礎調査の概況」より作成

OECD加盟国における相対的貧困率(2014〜17年)

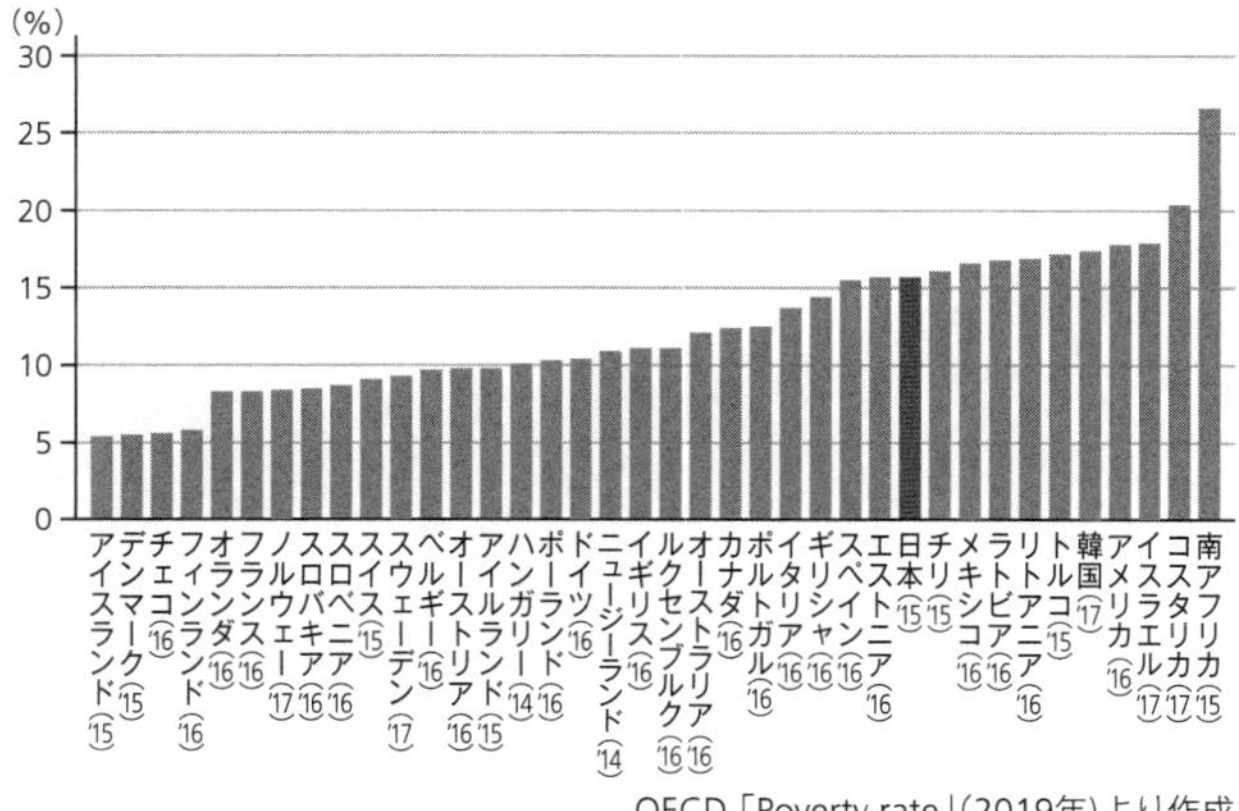

OECD「Poverty rate」(2019年)より作成

第2章

炊き出し・夜回り

何百人もの人が、会話もなく並んでいる。

誰も割り込まない。干渉し合うこともない。別に誰かが指示したわけでもない。

みんな、ただ黙って「その時」を待っている。

吐く息が白い。冷たい風が吹き寄せ、芽吹きかけた木々を揺らしている。公園の電灯は暗く、公衆トイレの明かりだけがまぶしい。空を仰げば都庁舎がそびえ立っている。

並んでいる何百もの人影は、遠くからでは一人ひとりの判別もつかないほどに暗い。何かボヤッとした黒く大きなかたまりが、そこにたたずんでいるようにも見える。

「すごいところに来てしまったな……」

思わず独りごち、恥ずかしくなって周囲を見ても、気に留める人は誰もいない。凛と張りつめた空気にのみ込まれそうになる。

ピー……ガガガッ――。

突然、拡声器の音が響いた。集団の意識が、一斉にそちらに向けられる。

「炊き出し」が、はじまろうとしていた。

＊

2010年3月。その日、僕は新宿中央公園を初めて訪れていた。

新宿駅から徒歩10分ほどのところにある中央公園は、新宿におけるホームレス支援の拠点であり、毎週日曜日になると、支援団体やボランティアにより、「炊き出し」や「夜回り」などの活動がおこなわれるという。2008年秋に起こったリーマンショック後の炊き出しには、最大500人ほどが並んだというが、ここのところは約300人だそうだ。300人というと、公園内のその区画を埋め尽くすほどの数。知らずに通りかかった人はその光景にギョッとすることだろう。[*2]

「炊き出し」とは、生活に困った人たちに無償で食料を提供することで、場所によっては「共同炊事」などと呼ばれることもあるそうだ。メニューはカレーやみそ汁、ぶっかけ飯と呼ばれる「丼もの」が多い。NPO（特定非営利活動法人）のような支援団体やボランティア団体、教会などが、定期・不定期に都内各地で（全国的にも）おこなっている。

この日初めての食事、今週唯一の食事、はたまた路上に出て初めての食事。人によって一杯のご飯の重みは違ってくるが、炊き出しによって「いのち」をつないでいる人がたくさんいるという現実がある。ここでご飯にありつけなければ、ほかを探すしかない。コンビニで廃棄された弁当、飲食店の残飯……。でも、それすらなければ？

いのちをつなぐ場と言うとシリアスな感じがするが、切迫感は意外となかった。誰一人として列を乱すことはないし、整然と並んでいる光景には不思議と秩序すら感じられた。

「19時から配食をはじめます。今日は毛布の配付はありません」

主催者の声が拡声器を通して響く。幾人かのため息が聞こえたような気がした。

毛布、寝袋、段ボール。その程度のものでこの寒さを防げるとは到底思えないが、あるのとないのとでは心の持ちようが変わってくるのだろう。そう思うほどに容赦のない冷えは、身体だけでなく心も麻痺させた。腕時計を見ると18時半。

あと30分……。たいして長くないはずの時間なのに、妙な息苦しさを感じてしまう。でも、来てしまったからにはもう引き返せない。これが、路上特有の空気というやつなのだろうか。

僕は、完全にのみ込まれていた。

＊

高校卒業後、気ままなフリーター生活を送っていた僕は、ある日、たまたまアルバイト先の友人に「ひまなら炊き出しに来てみない？」と誘われた。その友人はもともと社会活動やボランティアに関心があり、そういったイベントによく参加しているのだそうだ。

そう、「友人に誘われたから」。そんな極めて消極的な動機から、僕はホームレス支援の最前線に降り立つことになったのである。「僕たち若者が社会を変えていくんだ！」などという意識の高さは微塵《みじん》も持ち合わせていなかったし、「貧困問題」というものについて考えたこともなかった。だいたい炊き出しと聞いた時も「へー、そんなのがあるんだなあ」程度の感想しか抱かなかったくらいだ。しかも、その友人は当日になってドタキャン。勝手もわからず一人での参戦となった。ビビリの僕にとってはかなりつらかったし、それはもう「最悪……」としか言いようのないスタートだった。

ボランティアは18時に集合することになっていた。

18時半から配食準備、19時から配食スタート。そして19時半から夜回り、これが事前に聞いていた一連の流れだった。夜回りでは中央公園内や新宿駅周辺をまわり、約200人(!)の「ホームレス」に声をかけるのだという。僕が中央公園に到着した時、すでに30名ほどのボランティアがめいめいの作業に無言で勤しんでいた。

「あの、初めて来たんですが、いったい何をすればいいのでしょう……」

近くにいた50代半ばくらいのおじさんにとりあえず声をかけてみた。黒いジャンパーにスウェットのズボン、それにエナメルの靴。とてもカタギの人には見えない。でも、どうやら彼もちゃんとしたボランティアの人らしい(のちのち知ったのだが、手配師*3をしていた過去があるそうだ)。

「ボランティア? 初めて? じゃあ、まずカバン、ここに置いて」

と、指さされたのはなんともなしに置かれた段ボール箱。よく見ると、参加者のものらしいリュックやら手提げやらが、ぎっしり詰め込まれている。

「貴重品は自己管理。じゃないとすぐなくなるから。初めてだったら、そうだな。とりあえずご飯をよそうのをやって」

相槌を打つ間もなく、彼はそれだけ言い残し、近くにいたなじみのホームレスらしき男性のもとに去っていってしまった。


指定された場所に向かうと、見たことのない量の米が湯気を立てていた。


「うわ、でかっ！」

支援団体の事務所で炊かれたという何十キロにもなる米が、たらいのような青いプラスチックの容器に入れられている。これを発泡ポリスチレン製の白いどんぶりに盛りつけていき、空になったたらいのなかにきれいに並べていくのだそうだ。７つ、８つどんぶりを入れると、もうそれで1段目は埋まるので、バランスを考えて2段目、３段目とずらしながらどんぶりを重ねていく。

一つのたらいにつき3段、積み重なったご飯は約20杯。それが40個分なので合計約８００杯！　まさに飯の塔、壮観だ。ご飯にありつけない人が万が一にも出ないよう、多めに用意するらしい。おかわりも可能だ。

この日のメニューはカレー。巨大な寸胴鍋で煮えたカレーを、大きなお玉できっちりひとかけ、どの一杯も同じ量になるように、ご飯にかけていく。よそい終わったら再びたらいに積んで、配食の準備にとりかかるのだが……ここまで僕の仕事は何もない。

スタッフの連係ぶりがあまりに見事なので入り込む余地がないし、とてもじゃないが話しかけられるような雰囲気でもない。ただただ感嘆しながら作業工程に見入っていた。

手持ち無沙汰にウロウロしていると、近くにボランティアリーダーらしき人がいたのでまた声をかけてみる。この人も50代くらいで、引き締まった身体に野球帽をかぶっている。日焼けした顔は、肉体労働のあとをうかがわせる。

「あの、何かできることはありますか？　お手伝いできればと」

「学生？　炊き出しは初めて？」

「はい、初めてです。正直、何がなんだかでして」

「そっか。じゃあ、配食を手伝ってもらおうか。もうすぐはじまるから。あ、その前に、そのマスクはずそうか。手袋も。すべってカレーを落とすといけないし、マスクして渡すのも失礼でしょ。それから、渡す時は声かけてね。お待たせしましたとか、こんばんはとか。ここでしか人と話す機会がない人もいるから。じゃあここに並んで。指示するから」

恐縮しながらマスクと手袋をはずしていると、ボランティアの人たちが大きな机を2つ出し、手際よくカレーを並べているのが見えた。並びきらないものは机の下にたらいごと並べ、いつでも一杯ずつ取り出せるようにしてある。バケツリレーの要領で渡すのだろう。

一通り配食の準備が終わるとまた待機。800食分のカレーと300人以上の「ホームレス」。そして30名ほどのボランティア。みんな無言。公園の前をたまたま通りかかった人たちは、何か不吉なものでも見てしまったかのように、そそくさと通り過ぎていく。

「配食をはじめます」

19時。拡声器を通して、主催者が合図を告げる。一斉に動き出す「ホームレス」の集団。カレーをめぐって、押し合いへし合いの取っ組み合いがはじまる……なんてことは一切なく、示し合わせたかのようにきれいに各列にわかれ、順番にカレーを受け取っていく。

僕は机の前に立ち、最前列でカレーを手渡す役割を任された。寒さで手がかじかむ。失敗したら、怒鳴られたり殴られたりするのだろうか。

渡す時に手がふれたら、ちょっといやだな。

「こんばんは」

「お待たせしました」

ほかの人とずれないように、周りを見ながらペースを合わせて渡していく。テンポよく、最適なタイミングでカレーを受け取り、渡す。そのうちに、考えなくても身体が勝手に動くようになる。

「兄ちゃん、箸がない。これじゃあ食えねえよ」

ふいに話しかけられ、ハッとする。目の前を見ると、小柄なおじさんが僕の顔を見つめていた。

「す、すみません……」

「ああ、別にいいんだよ。兄ちゃん見ない顔だね。初めてかい？　お疲れさん」

おじさんは別段怒っている様子でもなかった。ほっと胸をなでおろす。

「あ、はい、初めてです。まだ慣れてなくて」

「そうかい。それにしてもさ……」

おじさんが声をひそめる。

「カレーを箸で食うってのは、なんともおかしな話だよな」

しゃがれ声でケラケラと笑うおじさん。とがった八重歯がまぶしくて、少し気が抜けた。よくよく見ると、何年もホームレス生活をしているのだろう。ボロボロになった穴だらけのダウンジャケットに、黒っぽく変色したチノパン。何日もお風呂に入っていないのか、垢と脂でべっとりと額にはりついた白髪と伸び放題のあごひげ。鼻をつくようなすっぱい臭い……。

ふと、５年前のケンちゃんとカツさんのことを思い出した。

「あの……お箸、こちらです。どうぞ。お待たせしてごめんなさい」

箸を渡す時、彼の指が僕の手にふれた。

「ありがとう。助かったよ」

屈託のない笑顔を向けてくるおじさん。

僕は恥ずかしくなって、ただうつむいていた。

*

配食は19時20分頃に予定通り終了した。腹を満たしたホームレスの人たちは、三々五々、夜の新宿に消えていった。この日はトータルで350人ほど並んだらしい。

一仕事終え、ボーッとしていると、先ほどのベテラン風の男性からカレーを手渡された。ボランティアの分らしい。緊張しっぱなしだったので、どんぶりのぬくもりにホッとした。炊き出しでは、配る側も配られる側も、平等に同じ釜の飯を食べるのだそうだ。

あらためて周りを見渡してみる。次回の炊き出しのチラシを配っている人、どんぶりを回収している人、近くの水飲み場で食器を洗っている人、具合の悪そうな「ホームレス」に声をかけている人。一口にボランティアと言っても、いろんな人がいるようだ。

一方のホームレスの人たち。先ほどのおじさんのような、いわゆるイメージ通りの「ホームレス」は多かった。でも、なかには少数だが女性もいた。セクシャルマイノリティなのか、女性ものの服を着ているおじさんもいた。そして、これはとても心配だが、車いすの人も……。

また、「ホームレス」と言われなければ気づかないような人もいた。その多くは30〜40代くらいに見え、ファストファッション風の格好をしている場合が多く、大きなバックパックを持っていた。

でも、いちばんの驚きは、ボランティアのなかにも明らかにホームレスの人や、元ホームレスだったことをうかがわせる雰囲気の人がいたことだ。勝手にイメージしていた「支援者」と「ホームレス」という図式に、収まりきらない何かがあった。

すごい世界だな、ほんと……。

ある意味感心していると、「ぼさっとしてないでさっさと食べちゃえよ」とベテランの人にどやされた。小さな鶏肉が一欠片《ひとかけら》だけ入った質素なカレーを、慣れない箸で口へ運ぶ。

う、うまい。意外といける。身体の芯からあたたまる。ほっこりする味だ。

と同時に、箸でカレーって確かに変だよなと、ちょっとだけおかしくなった。

「夜回りは予定通り19時半からだから」

時計を見るとあと3分くらいで予定の時刻だった。僕は、急いで残りのカレーをかき込んだ。

＊

「東京都第三建設事務所と新宿警察署から警告します。この地下広場は、多くの都民が利用する大切な公共施設です。ここに、段ボールなどを置いて寝起きをしたり、煮炊きをしたり、許可なく物品を販売することは、道路法、及び、道路交通法で禁止されています。ただちにやめて片づけてください。東京都第三建設事務所と新宿警察署から警告します」

23時。夜の新宿駅。くたびれた背広姿のサラリーマン、携帯電話を片手に大声で話しながら通り過ぎるホスト風の若者、合コン帰りなのかやたらとハイテンションな大学生グループ。それぞれが家路につき、改札に吸い込まれていく。放送の音声は、駅の喧騒にまぎれて、普段ならば気づかず、聞こえたとしても気にも留めなかっただろう。

「ご通行のみなさまにお知らせいたします。ただいまの放送は、この広場をみなさまに気持ちよく利用していただけるよう、不法行為者に対して警告しているものです。ご理解と、ご協力をお願いいたします」

改札に向かう人の流れとは別に、ぽつりぽつりと、駅に向かって集まってくる人たちがいた。その多くは段ボールをかかえ、目深《まぶか》にかぶった野球帽やフードのせいで表情こそ見えないが、足取りは確かだ。

地下通路に到着すると、それぞれ柱の陰やコインロッカーの裏手に腰をすえていく。今夜の居場所を見つけた人から、黙々と寝床を整えるのだ。段ボールと耐熱ビニール、薄い毛布に新聞や雑誌を器用に積み重ね、時に折り畳み、自分だけのスキマを構築していく。

スムーズにおこなわれるその作業は洗練されていて、完成した「家」は、まるで一つの芸術作品のようだ。住まいを整えたあとは、耳にイヤホンを装着してラジオを聴いたり、拾ったスポーツ新聞の競馬欄を読んだりと、おのおの好きなように過ごすのだ。そんな彼らの横を、通行人たちは我関せずで足早に通り過ぎていった。

放送が終わると、二人の警備員が現れた。終電まではまだ時間があるが、ゆっくりと地下通路のシャッターが下り、一部の区画が通り抜けできないように閉鎖される。警備員は人の流れの切れ目を見計らい、慣れた手つきで赤いコーンを設置していく。

通路は遮断され、シャッターが完全に下りた。「あちら」と「こちら」——「帰れる者」と「帰れない者」を区別するためのシャッターだ。

時刻を確認し、リーダーがおもむろに口を開いた。

「では、最後の2次パトをはじめます」

＊

新宿での夜回りは2つのパートに大別されるという。まずは「1次パト」。炊き出しが終わった19時半から、「新宿中央公園コース」「西口コース」「東コース」「北コース」の4つのコースにわかれて新宿の街をまわる。[*4]

どのコースもおおむね2時間弱、新宿の街をひたすら歩きまわり、ホームレスの人を見かければ声をかけていく。路上生活暦20年以上のツワモノもいるので、顔なじみも多いそうだ。

路上に定住している人だけでなく、寝場所を求めてさまようホームレスとおぼしき人にも声をかける。慣れてくるとだいたいの見分けはつくようになるそうだ。彼らはたいてい大きな荷物を持ち、すり減った靴を履き、暗い顔をしてひとけのない路地に迷い込むことが多いという。

「最初はネットカフェやファミレスで寝泊まりしていたのですが、いざ野宿しなきゃいけない状態になったらどこに寝ればいいのかわからなくって……」

「生活保護で施設に入ったんだけど、ひどいところに入れられたから逃げ出してきちゃったんです」

このように事情を話してくれる人はまれだ。福祉事務所のような公的な窓口につなげるためのサポートをすることもあるそうだが、夜回りから支援や制度につながることは多くはないという。

「声をかけること。同じ曜日、同じ時間にそこにいて、話をし、様子を聞き、一緒に現状を考えること。それ自体がたいせつなんだよ」

ベテランボランティアのある男性は、そう言っていた。

1次パトが終了すると、1時間ほどの休憩をはさみ、残った人で2次パトをおこなうそうだ。

「2次パト」は22時半から。新宿駅西口の「新宿の目」をスタートし、4号街路を都庁へ向かって進み、途中で横断歩道を渡って再び駅へと引き返す。そして23時、駅の「放送」がはじまったら「2次パト」も大詰め。西口地下、地下通路近辺を一通りまわり、長い夜回りが終了する。

*

「こ、こんばんは。寒くないですか？」

1次パトで、僕は新宿中央公園コースのグループについていくことになった。

初めての声かけ。緊張で声がうわずる。

夜の中央公園には、１００人以上の野宿者がいた。公園のあちこちにテントや即席の段ボールハウスが立ち並んでいる。昼間の風景を知っている人が見たら、びっくりしてしまうだろう。

　僕が声をかけたのは、寝袋を用意している高齢のホームレスのおじさんだった。

「寒くないかって、そりゃあ寒いよ。今晩は特に冷えるしね。なあ、ご飯はないのかい？」

「あ、すみません。炊き出しはもう終わってしまいました……。いまは食べ物はないですね。炊き出し、参加されなかったんですか？」

「炊き出しには参加しないんだ。もちろん、やっているのは知ってたけど、折り合いが悪い奴がいるから行きたくねえんだよ。それに、並ぶ元気もなくてなあ」

　そう言うと、おじさんはため息をついた。

　折り合いが悪いって、そんなことよりご飯のほうが大事じゃないの？　それにしても、気だるそうな様子がちょっと心配だ。

「あの、どこかお加減が悪いのですか？」

「お加減？　ヘンな言い方をするね。そりゃあ身体は悪いよ。心臓が悪いらしくてな。前に救急車で運ばれて入院した時にニトロを渡されたんだ」

心臓って……大変じゃないか。

「ニトロって、心臓が悪いんですか？　これまで何か支援を受けたりは……」

「あ？　国の厄介にはならねえよ。入院した時は仕方なく面倒見てもらったが、病院ってのも、俺の性に合わねえんだ」

いや、命に関わる病気かもしれないのに何を悠長なことを言っているんだこの人は。早くなんとかしないと。

「そうは言ってもこの寒さですし。身体が悪いなら、せめてあたたかくなるまで……」

プッツン――。

そんな音が聞こえた気がした。おじさんの目つきが、がらりと変わった。

「おい。あんたさあ、見ない顔だし、なんかしつこくねえか？　俺がいいって言ってるんだから、ほっといてくれよ。飯も持ってこずに人のことばかしいっぱい聞いてよお。いったいどういう神経しているんだ？　だいたいお前はなあ……」

え？　え？　何これ、僕、何か悪いこと言った？　突然、攻撃的な言葉をシャワーのように浴びせられ、思わず身体が硬直する。そんな僕の気持ちもつゆ知らず、おじさんは僕のことをなじり続ける。でも、言葉はまったく耳に入ってこない。

おじさんはその後しばらく怒鳴り続けていたが、僕が何も言い返せないことがわかったのだろう。身体中の空気をすべて吐き出すような深いため息をつき、吐き捨てるようにつぶやいた。

「それに、もしあんたに相談したとして、なんとかしてくれるのかよ」

様子を見ていたベテランのボランティアがすかさず寄ってくる。

「ほんと、すいません。でも、よかったら炊き出しだけでも来てくださいね。おやすみなさい」

彼はそう言うと、僕の腕をつかんで引き離す。

「ほら、もう行くぞ」

「あ、あの……ごめんなさい……」

「別に謝らなくてもいいよ。路上にはいろんな人がいるし、みんながみんな、俺たちのことをよく思っているわけじゃないから。きみだって、初めて会う人に根掘り葉掘り自分のことを聞かれたりしたらいやだろ？　それに『フクシ』を受けるってのは相当な覚悟いるもんなんだ。ま、とりあえず遅れちゃったし、先を急ごう」

隊列に向かって足早に歩き出す彼の背中を、しばらく呆然と眺めていた。
つかまれた右腕が、少し痛んだ。

＊

1次パトが終わり、近くのハンバーガー店で休憩をはさみ、22時半からは2次パトがはじまった。別に帰ってもよかったのだが、なぜかずるずると残ってしまった。頭が真っ白になっていた。

2次パトでは、ベテランのボランティアの人がどのように声かけをするのかを実際に見せてくれた。

「こんばんは～。夜回りです。お身体は大丈夫ですか？」

「おお、どうも。先週からずっと咳がひどくてさ、なんとかならないかね。これじゃあ、ならびの仕事にも行けないよ。ふだんはなんとかやりくりできているから、ここに来なくて済むんだけど」

「ん～、咳ですか。それは心配ですね。病院とか、最後に行ったのっていつ頃ですか？」

「病院？　お金も保険証もないし、病院なんてずいぶん行ってないよ。ただの風邪だと思うんだけどね。この風邪さえなければ知り合いが仕事をまわしてくれるんだが……」

「そうですか。病院に行きたい、とかありませんか？　ここじゃ寒いし、どこか泊まれる場所を用意してもらえるよう、一緒にフクシに行って相談してみましょうか？」

「ああ、フクシには行かないよ。あんたたちも寒いなか、ご苦労さんだね。炊き出しにはたまに顔を出しているんだ。なんかあったら、また相談させてもらうからさ。よろしく」

「うん、そうですか。いつでも声かけてくださいね。おやすみなさい」

ベテランの人たちは、なんだかさらりとしていた。

むしろ、冷たいんじゃないかと思うくらいだった。みんな、近所のおじさんに話しかけるような感覚でホームレスの人たちに話しかけていく。話は聞くけど、こちらからは踏み込まない。これが、路上の声かけの作法なのだろうか。それに、さっきからみんなフクシ、フクシって、なんのことを言っているんだろう。

23時、2次パト後半戦。ベテランの人の案内で西口の地下放送を聞いた。僕たち以外にこの放送を気に留める人は、誰もいないように思われた。そもそも、気づいてすらいないのだろう。昨日までの僕がそうだったように……。

たくさんの知らない現実が、頭に流れ込んできた。

「今日はお疲れ」

ベテランのボランティアの人に声をかけられた。

こうして僕の初めての夜回りは終わった。

*

中央公園では300人以上が炊き出しに並んだ。夜の新宿の路上には200人以上のホームレスの人たちがいた。数字にしたら簡単だけど、実物を見るとそれは、圧倒されるような光景だった。

なんでこんなにホームレスの人がいるんだろう?

路上で生活しなきゃいけないほどの貧しさって、なんなんだろう?

僕にとっての「ホームレス」は、よく見る街の風景の一つでしかなかった。

ただ、カツさんやケンちゃんとのこともあったから、彼らは貧しくてちょっと不潔、でも話してみると案外やさしい、という認識はあった。この5年の間にそういった思いも薄れていたが、炊き出しでおじさんと話した時にそのことを思い出して、「やっぱりそうだった」と、少し嬉しくなった。

だからこそ、夜回りで言われた言葉はショックだった。

「もしあんたに相談したとして、なんとかしてくれるのかよ」

あの人、本当に怒っていたな……。何がそんなに気に障ったんだろう。

それに、どうしてボランティアの人たちはあんなにあっさりしていたんだろう。なんとかしてあげたいって、思わないのかな。

自宅に着く頃には0時をまわっていた。頭が重い。

ため息をついて玄関のドアに手をかけたその一瞬、手がとまった。

僕には帰る家がある。待っている家族がいる。安心して眠れる場所がある。

「ただいま」

小さくつぶやき、ドアを開けた。

そして部屋に戻ると、ベッドに入って泥のように眠った。

＊2―2015年時点で新宿の炊き出しはなくなってしまっている。
＊3―日雇い労働などを斡旋する人。仕事を紹介する代わりに手数料や紹介料などをとる。労働者派遣法により一部業種では人材派遣業として合法化されているが、建設現場などの労働者派遣法の対象とならない業種においては違法行為である。
＊4―「新宿中央公園コース」は中央公園を中心に甲州街道近辺、南新宿をめぐる。「西口コース」は都庁近辺や西口のバスターミナル、そして地下通路を、「東コース」は新宿御苑まで電車で行き、そこから新宿通り、新宿2丁目、3丁目を通ってサブナード、東口を。最後の「北コース」では、柏木公園、大久保駅、西大久保公園を通って大久保通りを直進、東新宿を経て歌舞伎町、コマ劇場前、西武新宿駅、大ガードとまわっていく。

Column 2　多様化する「ホームレス」

厚労省のホームレス概数調査によれば、「ホームレス」の人は減少しています。生活保護制度をはじめとする各種の支援が少しずつ行き渡りはじめていること、各地のNPOや支援団体の活動が広がっていることが、その要因として挙げられるでしょう。

その一方で、「ホームレス」の定義が定められた2002年には見られなかったような貧困層、「新しいホームレス状態」にある人たちの存在が、近年明らかになっています。実際、02年の時点では「ネットカフェ難民」や「派遣切り」(製造業派遣の解禁は04年)などの言葉は存在しておらず、24時間営業のファストフード店なども少ない状況でした。

現在では、ネットカフェやサウナなどに寝泊まりしている人や友人宅を転々としている人、そういった一時的な寝場所と路上とを行き来している「多様なホームレス状態」の人たちにもスポットがあたり、「国が定義するホームレス」はほんの一部の存在でしかないことが広く認識されるようになりました。

67ページ下の表は住まいの状況に応じて生活困窮者層を区分けしたものですが、「国が定義するホームレス」に該当するのはA群とB群ですが、B〜Dに関しては実態としてはホームレス状態であっても、統計的になかなか捕捉されない「新しいホームレス状態」の人と言えるでしょう。

「ホームレス状態」と言っても、一人ひとりの状況は違い、一概に定義できるものではありません。「国が定義するホームレス」は確かに減少していますが、「広い意味でのホームレス状態」の人はむしろ増加し、より見えづらいかたちで日本社会に存在しているのです。

ホームレス概数調査の年次推移（2018年1月実施分まで）

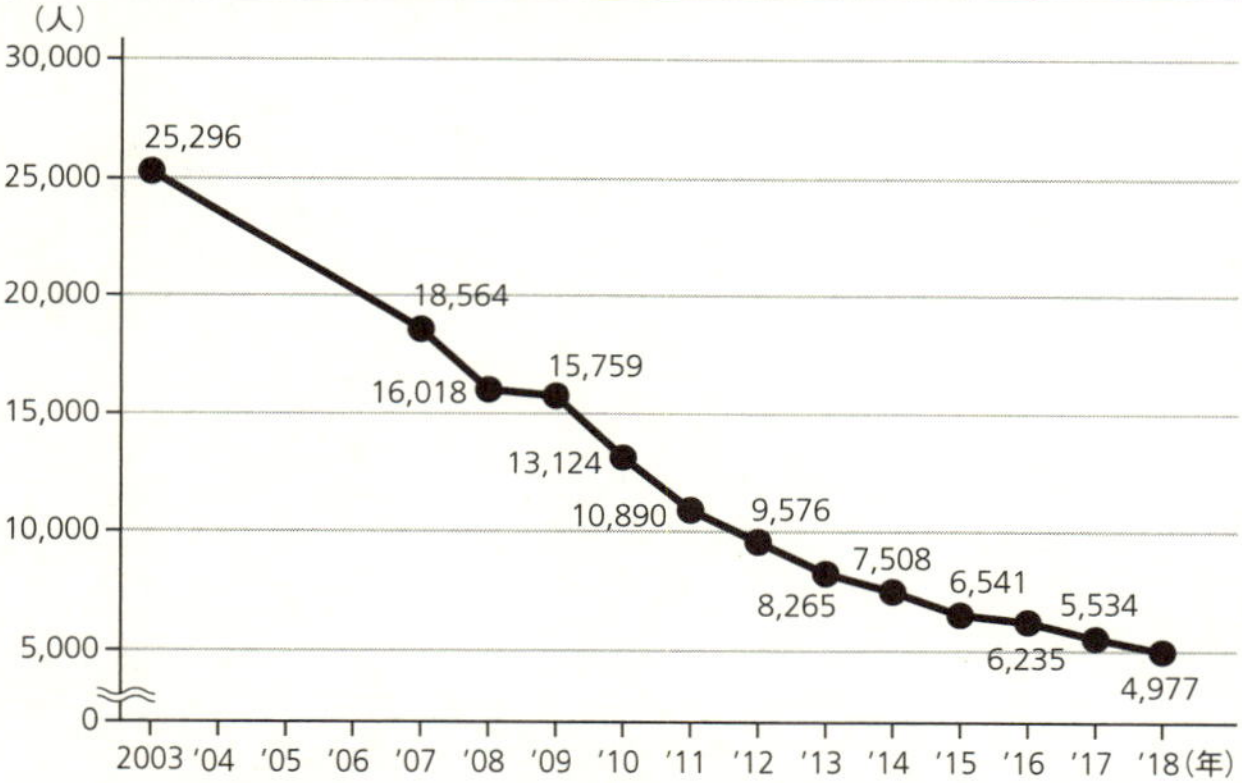

厚労省「ホームレスの実態に関する全国調査（概数調査）結果」より作成

生活困窮層（住まいの状況による区分け）

A	定住型「ホームレス」	屋外にテントや小屋を建てて路上生活
B	移動型「ホームレス」	段ボールを持って移動しながら路上生活
C	たまに「ホームレス」	お金がある時はネットカフェなど、ない時は路上生活
D	ネットカフェ難民	ネットカフェやファストフード店などで生活
E	不安定住居層	脱法ハウスや安宿など宿泊施設等で生活
F	住居喪失予備軍	住み込み層や実家暮らし（ニート・ひきこもり層）等

第3章 生活保護

「具合が悪いから、フクシを使いたい」

2010年7月の気だるい夏の夜。

この日はめずらしくホームレスのおじさんのほうから声をかけられた。

初めての炊き出しと夜回りから約4か月、気づけば、毎週日曜日に新宿中央公園に向かうのが習慣になっていた。誰かに頼まれたというわけではないが、自分のなかで引くに引けなくなっていた。もしかしたら、少しでもあの日感じた疑問やモヤモヤを晴らしたいと思ったのかもしれない。

なんにせよ、毎週のように参加するようになったことは自分にとっても驚きだったし、いろいろなボランティアの人とやりとりし、ホームレスの人たちの話を聞くのは、大変だけど新鮮な発見にあふれた日々だった。


いつも通りの新宿での夜回り、大久保駅付近の路上。

そのおじさんとは、これまでも何度か顔を合わせたことはあった。大通りを一本入った駐車場の隅で、いつもカップ酒を飲んで酔っ払い、寝転がっているおじさん。シラフなのは初めて見る。

「フクシ、ですか？　ちょっとお待ちくださいね」

フクシ。フクシ、か。はて……どうしたらいいものか。

夜回りの班長であるスズさんのもとに急いで駆け寄る。

「あの、そこのおじさんにフクシを使いたいって声をかけられたんですが」

スズさんは新宿の夜回り歴約5年の男性。この世界では、5年でも十分ベテランの部類に入る。なんの仕事をしている人かはまったく不明だし年齢も不詳だが、見かけで判断するなら40代くらいか。毎週違う帽子をかぶってくるおしゃれな人で、噂では家にホームレスの人を泊めたりすることもあるらしい。小柄で、そのファッションと所作はどことなくミステリアスだ。1次パトでは北口コースの班長格を務めている。

「え、そこのって、サトウさん？　そんなことってあるかなあ。いつも酔っ払ってるし。本当？」

おじさんの名前はサトウさんというらしい。

「そう言っていました。具合が悪いからフクシを受けたいと。ところで、フクシってなんですか？　ちらほらと、単語自体は耳にしたことがあるんですが……。病院に行ったりすることですか？」

スズさんに聞いたのに、そばにいたクマさんが割り込んでくる。

「サトウのおやじも年貢の納め時だな。フクシっていうのは生活保護のことだよ。役所のなかの『福祉事務所』ってとこが窓口になってるから、俺たちは『フクシ』って呼んでるんだ」

クマさんもスズさんと同じく北口コースの班長格。元路上生活者で持病があるのだが、いつもホームレスの仲間のことを想い、何かと面倒を見ては裏切られてを繰り返している。ずんぐりむっくりな体型で、いつも同じシャツを着ているからか、ちょっと臭う。夜回り中にアメちゃんを配って歩いている姿は、ハンプティダンプティみたいに見えて愛らしい。

「とりあえず、話を聞いてみようか。クマちゃんはほかのみんなと先に進んで。きみは僕と一緒にサトウさんの話を聞きましょう」

夜回りでは、毎週同じコースをだいたい同じ時間にまわる。ホームレスの人のなかには、わざわざその時間にその場所で待っていてくれたり、具合が悪いなどの相談をしてくれたりする人もいる。必要な人には市販薬やカイロなどを配ることもあるし、スズさんやクマさんが隊列を離れて話し込むこともある。

「サトウさん、フクシかかりたいの?」

スズさんはサトウさんと顔なじみらしい。気さくに話しかける。サトウさんもスズさんの顔を見て安心したのか饒舌になる。

「この前の現場仕事で腰を痛めちまって、仕事も何もできたもんじゃない。前に腰を痛めた時もしばらく使いもんにならなかったんだが、今回はその時より悪くてね。もともと夏場はすぐ熱中症になっちまうし、飯場《はんば》*5仕事はきついんだが、いよいよしばらく身体を休めねえとどうしようもなくなっちまった」

「そうですか、わかりました。じゃあ……フクシ、受けましょう!」

スズさんは、あっさりそう言うと、サトウさんの氏名や生年月日を聞き取りはじめた。

「ええと、昭和25年×月△日生まれ、出身は秋田ね。これまでフクシ受けたことは?」

サトウさんの顔が急に曇る。

「言わなきゃダメかい?　これまでたくさん受けてるよ?」

サトウさんは、どうやらこれまで10回以上生活保護を受けているらしい。しかし、お酒を飲んではケンカを起こし、そのたびにフクシに紹介してもらった宿泊施設を飛び出てしまっているとか。

「今度ばかりはなんとかしたいんだよ。いままで一人で行っては追い返されたり散々な目にあってきたから。あんたらと一緒に行けばなんとかなるかなって」

スズさんは、持っていた炊き出しの情報が書かれたチラシの裏に、待ち合わせの場所と時間を書きはじめた。

「第二分庁舎の1階、9時に待ち合わせです。区役所の本庁じゃなくて花園神社の横にある第二分庁舎ですからね。間違えないように。で、きみは行ける？」

え、僕？

「あ、まあ。明日はバイトもないし……」

行けるには行けるが、いったい何をするんだろう。こんな軽い感じで頼まれていいのか？

「じゃあ、サトウさん、明日の朝。ここに行ったらこの人が待ってるから。必ず来てね」

スズさんにポンと肩を叩かれる。深々と頭を下げるサトウさんと別れて、夜回りの隊列に追いつくべく、大久保駅に向かって歩き出す。

「大丈夫。月曜日は『福祉行動』といって、必ず僕らのメンバーが福祉事務所に詰めているから。きみが声をかけられたんだし、一度行ってみるといいよ。生活保護の『申請同行』は初めてだろ？　僕は明日は行けないけれど、なんとかなるよ。サトウさんもフクシは初めてじゃないんだし」

その後、スズさんから特に細かい説明があるわけでもなく、僕は漠たる不安をかかえたまま夜回りを終えた。

＊

「生活保護」――この言葉を耳にしたことがないという人はおそらくいないだろう。あまりいい話題は耳にしないが、新聞やテレビでも生活保護に関するニュースはよく流れている。

「不正受給を告発しろ」「外国人が使ってるんだろ？」「ナマポ芸人」「税金の無駄遣い」「どうせパチンコに使われるだけだ」「真面目に働くのがバカらしい」

ネットで少し検索をかけてみれば、目をそむけたくなるような言葉もたくさん出てくる。どうも、生活保護の話になるとみんな感情的になってしまうらしい。

とはいえこの生活保護制度は、いまの日本では約217万人の人が利用している社会保障制度であり、人口比で言うと約60人に1人がその利用者となる（2015年当時）。これを多いと思うか少ないと思うかはそれぞれだが、あなたが道ですれ違った初老の男性も、山手線の隣の座席に座っているおばあちゃんも、コンビニでおでんを物色しているお兄さんも、もしかしたらその利用者かもしれない。

しかし、この制度のことを正しく理解できている人は、いったいどれくらいいるのだろうか。生活保護を使っている人を見たこともなければ、自分が使うことになるとも思えない。そんなエタイの知れない制度が、多くの人にとっての生活保護かもしれない。

実際、当時の僕も、生活保護についての知識は皆無に等しかった。

夜回りを終えて帰宅した僕は、さすがに予備知識なしではまずいだろうと思い、現代っ子らしく「Google先生」に相談してみた。

「生活保護」で検索すると、思いのほかたくさんのサイトがヒットした。とりあえず、厚生労働省（以下、厚労省）のページをクリック。

「（生活保護は）資産や能力等すべてを活用してもなお生活に困窮する方に対し、困窮の程度に応じて必要な保護を行い、健康で文化的な最低限度の生活を保障し、その自立を助長する制度です」

どうやら生活保護とは、困った時に使える制度で、収入や資産の状況で可否が決定するらしい。

「すべて国民は、この法律の定める要件を満たす限り、この法律による保護を、無差別平等に受けることができる」（生活保護法第2条）

「都道府県知事、市長及び社会福祉法に規定する福祉に関する事務所を管理する町村長は、次に掲げる者に対して、この法律の定めるところにより、保護を決定し、かつ、実施しなければならない。（中略）二　居住地がないか、又は明らかでない要保護者であつて、その管理に属する福祉事務所の所管区域内に現在地を有するもの」（生活

保護法第19条）

しかも、住所がはっきりしない人、ホームレスの人でも無差別平等に使えるようだ。たとえ住民票がなくても、いまいる（そこが路上でも）自治体で生活保護を利用することが可能らしい。

「保護は、要保護者、その扶養義務者又はその他の同居の親族の申請に基いて開始するものとする。但し、要保護者が急迫した状況にあるときは、保護の申請がなくても、必要な保護を行うことができる」（生活保護法第7条）

そういえば、スズさんも「申請同行」と言っていた。生活保護をはじめるには「申請」というものが必要なようだ。でも、ここには申請の仕方そのものは書いていない。だいたい「急迫した状況」とあるが、それはどうやって判断するのだろう。「ホームレス」は急迫した状況になるのか？

今度は「生活保護　申請」で検索してみる。また、たくさんのサイトがヒットしたが、そのなかに何やら奇妙な言葉を見つけた。なになに、水際《みずぎわ》作戦？

「生活保護行政における『水際作戦』とは、一部地方自治体で採られた、福祉事務所において保護申請の受理を拒否する（＝審査もしない）ことで、生活保護の受給を窓口という『水際』で阻止する方策をいう」（刊行当時のWikipedia「生活保護問題」の項より）

よくよく読むと、札幌市白石《しろいし》区や北九州市では、過去に水際作戦が原因で餓死者が出たこともあるらしい。

少し寄り道してしまったが、どうやら生活保護の申請は申請書というものを提出するのが基本らしい。一応「口頭」での申請も可能だそうだが、水際作戦なるものがあることを考えると、ちゃんと申請書を事前に書いて持っていったほうがよさそうだ。

申請同行マニュアルとかQ＆Aみたいなものがあれば便利なのに……。愚痴をこぼしながらも、ひたすら関連する言葉で検索していく。でも、調べれば調べるほどいろいろな情報が出てきて、どれが正しいのかわからなくなる。支援団体もたくさんあるらしいが、どこがちゃんとしたところかわからない。いまどきホームページ・ビルダーでつくったようなサイトばかりだし。

「う～ん。よくわからないけど疲れた！　もう寝る！」

深夜の3時。結局、申請同行で具体的に何をしたらいいのかはわからなかった。スズさんの言うように、明日になればなんとかなるだろうか。

とりあえず遅刻だけはしないよう、目覚ましをかけて眠りについた。

＊

トゥタタン、タタン、タ、トゥタン、タタン——。

iPhone の間抜けな目覚ましの音で目を覚ます。時刻は8時を過ぎていた。

「やばっ。急がないと遅刻だ」

新宿区の福祉事務所は区役所の本庁舎ではなく第二分庁舎にある。まるでそこだけ隔離されているかのようだ。明治通り沿い、花園神社の北側に隣接しており、JR新宿駅からは徒歩で10分ちょっと。1階が住所不定の人、2階が居宅がある人（新宿区在住の人）の窓口となっている。

また、第二分庁舎に隣接して、「ホームレス専用」の相談窓口も存在する。そこでは、カンパンやクラッカーの配布がおこなわれることもあるし、シャワーの利用もできるようになっている。椅子に座りきれないくらいホームレスの人たちが並んでいたが、とりあえずスルーして第二分庁舎の自動ドアをくぐった。

ううぅ……⁉

入ってすぐに強烈な臭いに圧倒される。そして見渡す限りの、人、人、人——。

見るからにホームレスの人が約7割。チンピラみたいな風貌の人もいれば、小さい子どもを連れた女性もいる。待ち合いスペースには申し訳程度に椅子が並べられているが、そこからあふれた人々がエントランス部分まで侵食している。

「このなかからサトウさんを発見するのは至難の業だな」

足を踏み入れるのを躊躇していたら、背後から声をかけられた。

「あんた、昨晩の兄ちゃんだな。待ってたよ」

振り返るとサトウさんが立っていた。充血した目で黄ばんだ前歯を見せながら笑う姿は、暗闇では気がつかなかったが、まるで落ち武者のようにワイルドだ。

「おはようございます。こんなに人がいるんですね。びっくりしました」

時計を見るとジャスト9時。朝早くからすごいにぎわいだ。

「今日は『シキュウビ』みたいだな。朝一で来て受付を済ましといてよかった」

サトウさんは、やれやれという具合につぶやいた。シキュウビ？　シキュウビって、なんだ？　耳なじみのない単語だったので、正直にサトウさんに尋ねてみた。すると、サトウさんはハトが豆鉄砲を食らったような顔でこちらを見た。

「はあ？　シキュウビと言えば『支給日』しかないだろ？　生活保護費をもらう日のことだ。月の頭は人でごった返すんだよ。なんせ、ここでフクシを受けてるやつがみんな集まるんだからな。あんた、支援団体の人だろ？　何を寝ぼけたこと言ってんだよ。真面目にやってくれよな。今日は頼りにしているんだから」

サトウさんに荒っぽく肩を叩かれたが、そんなことを言われても困ってしまう。だいたい、この場にいるはずのほかのボランティアの人が見当たらない。人ごみに紛れているのか、ほかの相談で別の場所に行ってしまったのか……。

「サトウさん、サトウタカノブさん。こちらへどうぞ」

受付の脇にある「面談」と書かれたプレートのかかっているカウンターから中年の

男性が身を乗り出して呼びかけている。

「あ、呼ばれた。兄ちゃん、何をキョロキョロしてるんだ。早く行くぞ」

サトウさんは、こちらの事情などおかまいなしにズンズン先に行ってしまう。仕方がない。もはやサトウさんだけが頼りだ。なかば自暴自棄になって、そのあとを追った。

＊

窓口のカウンターはパーティションで区切られ、ホームレスらしき人たちと区の職員とが向かい合って相談をおこなっていた。一応個室のブースも壁際にあるようだが、どの部屋も「使用中」の札がかかっている。

カウンターで相談している人は7～8人ほど。何やら書類を書いたり、職員の人がお金を渡していたり、あるいは険悪な雰囲気になっているところもある。住民票の窓口などの静かで落ち着いた雰囲気をイメージしていたら見事に裏切られた。いったいここはなんなんだ……？

「サトウさん、お待たせしました。相談員のAです。おかけください」

カウンターの向こう側にいる「相談員」という男性はそう言いながら腰かける。そして、サトウさんの隣にいる僕に気づいた途端、不機嫌な顔になった。

「あなたは誰ですか？　サトウさんのお知り合いですか？」

相談員の男性の剣幕に面食らってしまう。

「ええと、あの、昨晩の夜回りでサトウさんと知り合いまして……」

「夜回りで知り合った？　そういうの、ほんと困るんですよねえ。部外者は出ていってもらえませんか？　あなたには関係ないでしょう？」

確かに関係ないのは間違いないが、ここで帰ったらなんのために一緒に来たのかわからない。それにこの相談員とかいう男性の態度。あまりにも上から目線だし、すごく失礼な物言いじゃないか？

負けてはいられない。予習の効果をいまこそ発揮するべし！

「同席させてもらうことはできないんですか？　サトウさんは同席を希望されていますよ。それとも、同席すると不都合なことでもあるんですか？　サトウさん、僕がここにいてもいいですか？」

サトウさんは相談員を前に畏縮してしまったのかうつむいてしまっている。でも、僕の問いかけに対しては小さくうなずいてくれた。

Aと名乗る相談員はだいたい50代くらい。シミのついた白いYシャツに、ネクタイはなし。広い額から滴り落ちる汗をしきりにハンカチでふいている。こちらに向ける眼差しは鋭い。

「わかりました。本人が希望しているのであれば同席してもかまいませんが、口をはさむのはやめてくださいよ。じゃあサトウさん、お名前をもう一度フルネームでうかがいますからね。生年月日は昭和25年×月△日、出身は秋田で、え～と……？　あ、サトウさん、前にうちで保護を受けてるんですね。ちょっと記録を探してきます。お待ちくださいね」

そう言うとAさんは、カウンターの奥に立ち去った。言葉の節々から威圧的な感じが伝わってくる。ふとサトウさんを見ると、背中をまるめて縮こまっている。

「サトウさん、大丈夫ですか？　具合でも悪いですか？」

さきほどの笑顔はどこへやら、急に10歳くらい老け込んだかのように見える。

「兄ちゃん、あんな風に言われてよく言い返せるね。見直したよ。一人だったらもういやになって帰るところだった」

「Google先生」のおかげだとは言えないが、予習をしておいてよかった。どのサイトにも、窓口では厳しいことを言われると書いてあったのだ。

最初はサトウさんを頼りにと思ってここに来たけど、このたった5分くらいのやりとりで、僕とサトウさんの立場は完全に逆転していた。

「もう何年か前になるけど、ここでフクシを受けたことがあって。そん時にもらったお金を持って、黙ってトンコウしちまったんだ。千葉だか栃木だかの施設に入らないかって話になったんだが、それがいやでね。自分で飛び出ちまったから、もうフクシは使えないんじゃないかな……」

あれ、生活保護って一度使ったらもう使えなくなるんだっけ。そ、そんなことはないよな。生活保護が使えなかったら生きていけないわけだし……。

付け焼き刃の知識では詳しいことまでわからないが、僕が弱気になったら元も子もない。

「サトウさん、大丈夫ですよ。だってサトウさん、いま、生活に困っているわけだから。そのために制度があるんだし、なんとかなりますって」

人に頼られるのは、悪い気はしない。僕の気持ちも大きくなっていく。大丈夫、なんとかなる。さっきだって、相談員に毅然と言い返すことができた。僕がサトウさんを救ってみせるんだ！


奥から相談員のＡさんが戻ってきた。脇に分厚いファイルをかかえている。

「サトウさん、お待たせしました。記録を参照したら、５年前にうちで保護受けてますね。その時は、え〜と、失踪廃止になっているけど、いったいどうしたの？」

「……」

佐藤さんは固まってしまって言葉が出ないのか、助けてほしそうに視線を送ってくる。僕はかすかにうなずき、すかさず助け舟を出す。

「ええと、僕が聞いた話だと、他県の施設に入るのがいやで、お金を持って出てきてしまった、ということらしいです」

相談員のＡさんは、お前に聞いていない、とばかりに不満な視線を向けるが、かまわず続ける。

「いまサトウさんは大久保駅の近くの路上でホームレス生活をしています。腰の具合も悪いし、生活保護の申請をして、どこか泊まれる場所や食事など、なんとかしてもらえないでしょうか。生活保護の申請を受けつけないなんてことは、まさかないですよね？」

昨晩得た知識をフル活用する。生活保護を申請することは誰にでも可能だ。極端な話、1億円の収入がある人でも申請自体はできるし、申請があればフクシはそれを受けつけなければならない。受けつけたうえで、生活保護が必要かどうかを判断するのであって、申請そのものを受けつけないのは違法な運用なのだ。[*6]

少しむっとしたようにAさんが答える。

「もちろんです。本人が希望するなら申請を妨げるようなことはしませんよ。では、サトウさん、生活保護を希望するんですね？　この人が言っていることに間違いはないですか？　それでいいですか？　今日から泊まれる場所などを用意しますが、こちらにすべて任せてもらえますね？」

その時、サトウさんの表情は見えなかったが、蚊の鳴くような声がかろうじて聞こえてきた。

「……はい。お世話になります」

＊

その後、Aさんによる聞き取りは続き、この5年間ほどの生活歴や職歴などを一通り聞き終える頃には、時計の針は12時をまわっていた。

「サトウさん、ちょうどS寮という宿泊施設が空いていたから、今日からそこに入居してください。いまから行けばお昼ご飯もそこで食べられるそうです。聞き取りの細かいところはまた別途させてください。腰の痛みについては病院の予約などがありますし、また相談しましょう。明日連絡しますので、よろしくお願いしますね」

Aさんは聞き取りの途中、一度も僕と目を合わせることはなかったが、だからこそ僕は勝ち誇った気持ちになっていた。

「サトウさん、よかったですね！　今夜から泊まれる場所も見つかったし、ご飯も出るそうだし、無事に生活保護の申請が通ってよかったです」

ダメかもしれないと思っていた生活保護の申請が通った。しかも、今日からの生活をなんとかしてくれる。最高の結果、のはずなのに、サトウさんはなんだかあまり元気がないように見えた。

「あんたにはお世話になったね。助かったよ。ありがとう」

そう小さくつぶやくと、サトウさんは深々と頭を下げた。

こうして、初めての申請同行は大成功に終わった。

と、その時の僕は思っていた。

*

「あんたに頼んだのは失敗だった！　お前らみたいな偽善者にはもう頼まねぇ！」

人っ子一人いない路地にサトウさんの怒声が響き渡る。

スズさんとクマさんがしきりにサトウさんをなだめようとするが、サトウさんはとまらない。

「あんたに手伝ってもらって入った施設がどんなところだったか、あんたは知ってたのか？　せまい部屋に2段ベッドが何個も突っ込まれて、手を伸ばしたら隣のやつにあたる。そんな20人部屋とかのタコ部屋に入れられて、こっちはたまったもんじゃねえ。下のベッドのやつに金をせびられるし、風呂は3日に1回。財布もすられた。しかも、ご飯はカップ麺にからあげ弁当。確かに腹はふくれたよ。でもな、毎日同じものを食わされて頭がおかしくなりそうだ。あんなひどいところに入れられたのは初めてだ。こんな目にあうとは思わなかった。あんたを頼ったのは失敗だったよ！」

申請同行の翌週の日曜日。サトウさんはいつもの場所に、いつもと同じような格好でカップ酒を飲んで寝転がっていた。入所したS寮の施設環境が悪く、３日は我慢したものの、４日目には飛び出してきてしまったらしい。

「この足を見てみろよ。この赤くなっているところ。かゆくて気が狂いそうだ。夜になると南京虫が下から登ってくるんだ。あんなところに入れられるくらいなら、路上のほうがよっぽどましだ！　もう二度と声をかけてくるんじゃねえ！」

僕は初めての生活保護の申請同行を無事に終えられた満足感でいっぱいだった。初めての同行で、役所の担当者を言い負かした。サトウさんをホームレス状態から救った。そう思っていた。

冷や水を浴びせられたというより、申し訳なくてサトウさんを直視することができなかった。

「あんな施設に入れられるとわかってたら、最初からあんたになんか頼まなかったよ。S寮って聞いて、あんたは泊まれる場所が決まってよかったねって言ったんだ。よかったただと？　あそこのどこがいいんだ？　あんたは、あそこに泊まったこともないだろう。だから、雨露しのげればそれでいいと思って、S寮でよかったと思ったんだろう。あんたを……お前らを信用して損したよ。もう、かまわないでくれ」

サトウさんはそう言うと、カラになった小瓶を投げつけた。

コンクリートの車止めにあたって、バリンと割れる音だけがむなしく響いた。

「もういい、行こう。サトウさん、すみませんでした」

スズさんに腕をとられてようやっと立ち上がった。頭がグラングランする。

「今夜はもう帰りな？　そこがもう、大久保駅だから。きみは何も悪いことはしていないし、必要なお手伝いをしただけだ。初めてなのにちゃんと生活保護の申請同行をして、泊まるところを用意してもらった。よくやったほうだよ。僕らができることはできないんだから。もちろん、いい環境の施設を探してもらうことはできるかもしれないけど、都内に個室のある施設は少ないし、いい環境のところは空いていない。初めてのきみがそんな難しい交渉できるわけないし、それは織り込み済みだよ。サトウさんはあんな言い方をしたが、僕が行ってもS寮に入所することになったと思う。だから、気にしなくていい。僕たちがどうこうできないこともあるんだから」

確かに、生活保護の申請同行というミッションは成し遂げた。でも、そのあとサトウさんがどのような施設に泊まることになるかなんて、考えもしなかった。そこが20人部屋のタコ部屋で、南京虫がウヨウヨいるところだなんて、思いもしなかった。

もちろん、スズさんが言うように、慣れたボランティアの人が一緒に行っても同じ結果になったのかもしれない。でも、問題はそういうことじゃない。サトウさんが、結果としてまた路上に戻っているということだ。

帰り道、ずっと考えていた。僕は、どうすればよかったのだろう。

次の日曜日。夜回りに参加するかどうか散々悩んだけれども、結局、参加することにした。

それからしばらくの間、いつもの場所で、いつものスタイルで、サトウさんは寝転がっていた。でも、声はかけられないし、もちろん目を合わせることさえできない。

そうこうしているうちに、8月も終わりに近づいていった。
秋になると、サトウさんの姿は路上から消えていた。

＊5―住み込みの建築労働のこと。
＊6―1億円の収入があった場合、手続き的に申請は受けつけられるが、その後の審査のうえで却下されるという流れになる。

Column 3　生活保護ってどんな制度？

高齢者、障がいのある人、子どもに妊産婦など、私たちの社会にはさまざまな人が生活しており、普段意識することは少ないですが、みんな社会保障という支えを受けながら生活しています。社会保障は、年金や医療保険、雇用保険などのリスクに備えるための「社会保険」、社会生活を送るうえで困難をともないやすい人を支える「社会福祉」、一人ひとりの最低限度の生活を支えるセーフティネットである「公的扶助」の3層に分けられます。

なかでも公的扶助に属する「生活保護制度」は「最後のセーフティネット」と呼ばれ、生活に困窮し、一定程度以下の収入や資産の状況におちいってしまった場合、誰でも利用することができます。2019年1月現在の日本の生活保護利用者は約209万人（人口の約1・7％）。病気や高齢で仕事ができなかったり、不況で仕事が見つからなかったり、家族や親族の援助を受けることができなかったりといった、生活に困ってしまった多くの人たちを支えています。

生活保護制度では、生きていくために必要な8種類の扶助（生活、住宅、医療、介護、教育、出産、生業、葬祭）を定義しています。それぞれに国が定める生活保護基準があり、年齢や世帯構成、地域差などから総合的に判断して決められています。「収入が生活保護基準より少ない」「資産を活用しても生活できない」「働けない、働く場がない」「年金など、他の制度を使っても生活保護基準に満たない」などの場合に、各自治体の福祉事務所と呼ばれる窓口で制度の利用を申請します。住まいの有無や生活に困ってしまった背景は問いません。申請があれば福祉事務所はそれをいったん受理し、そのうえで必要かどうかを判断し、必要であればすぐにでも制度を適用し、生活の保障と自立を目指した支援をおこないます。

利用者の世帯構成を見ると、高齢者世帯や障害者・傷病者世帯など、就労が困難な人が多いことがわかります。その他の世帯でも、世帯主の平均年齢が55・8歳と、働き口を見つけられない人が多いとも言われています（11年4月19日社会保障審議会生活保護基準部会「生活保護制度の概要等について」より）。利用者の増加は、低年金、無年金の高齢者が増加し、現役世代が高齢世代を養っていくのが難しくなっていることの表れとも言えます。今後、団塊の世代が高齢者になっ

生活保護利用者世帯構成（2019年1月分速報値）

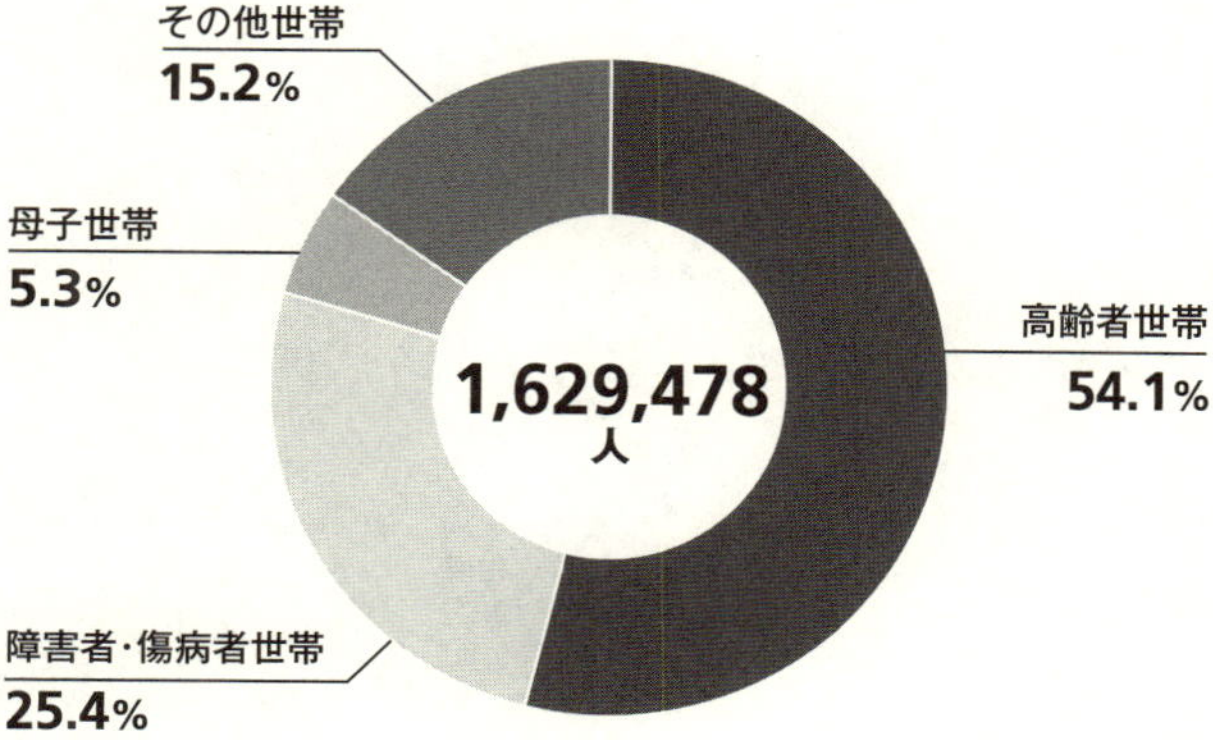

厚労省「被保護者調査」より作成

ていくことで、ますます高齢世帯の利用者が増加することが予想されています。

第4章

相談会

「来月に相談会があるんだけど、僕の代わりに参加してみない？」

２０１０年11月。新宿駅東口改札を出てすぐのカフェでのランチ中。急にラビちゃんから頼まれた。

ラビちゃんは、「もやい」という生活困窮者支援のＮＰＯの代表であり、20年ほど新宿でホームレス支援に携わっているベテランだ。都内の各支援団体の立ち上げに関わったり、国や自治体に対して政策提言をおこなったりするなど、ホームレス支援、日本の貧困問題の分野における中心人物の一人となっている。そんなラビちゃんと面識を持つようになったのは、２０１０年９月に入ってからのことだった。

＊

サトウさんの申請同行は、僕にとっては何よりもショックな出来事だった。ただなんとなくホームレスの人たちが気になるというだけでボランティアを続けていた報いだったのかもしれない。もっと、生活保護制度のことやホームレスの人たちの現状について真剣に勉強しなければいけない。そんな思いが、あの日を境に強まっていった。

　そんな時、「一度あの人に同行させてもらえばいいよ」と、スズさんとクマさんから紹介されたのがラビちゃんだ。

　一次パトが終わったあとの休憩中、勇気を出して話しかけてみた。

「突然すみません。明日の福祉行動に参加したいのですが、同行させていただけないでしょうか」

　ラビちゃんはぱっと見、大学院生くらいにしか見えないが、実際には40歳を超えているそうだ。ジョン・レノンを意識した丸眼鏡をかけ、口をすぼめ、少し体を反らせて座っている。

　不審げにこちらを見つめてくる視線が痛い。それに、どういうわけか何も答えてくれない。

「イナバさんですよね？　ホームレスのおじさんと待ち合わせがあるわけではないんですけれど、勉強も兼ねて、手伝わせてもらいたいんです」

　ラビちゃんの本当の名前は「イナバ」と言う。「因幡《いなば》の白兎」の故事からラビット、略して「ラビちゃん」というあだ名になっているらしい。彼は、さも不愉快そうに口を開いた。

「……ええと、福祉行動に来ても別に何もないし、来なくていいんじゃないかな」

えっ？

「あの……でも、スズさんやクマさんから、ラビちゃんに同行させてもらえって……」

ラビちゃんというあだ名を口にした瞬間、急に表情が険しくなった。

しまった、本人はラビちゃんって呼ばれることに抵抗があるのだった。

「だからさあ、福祉行動に来ても特にやることがあるわけでもないから。大変だし、別に来なくていいですよ」

冷たい声で突き放される。

一瞬、心が折れそうになる。でも……。

「いや、あの……。それでも、一回でいいんです。一緒に行かせてください」

＊

こうして僕はほぼ毎週、月曜日の「福祉行動」に参加するようになった。「福祉行動」とは、新宿の「フクシ」に朝9時から待機し、生活保護の申請を希望する人たちを待ち、サポートする活動のことだ。

夜回りをきっかけに生活保護の申請を決めた人はもちろん、同行の約束がなくてもフラッと相談に来る人がたまにいるので、必ず誰かがフクシで待機することになっている。

ラビちゃんとは、だいたい朝9時頃に現地で落ち合い、分担して相談や同行をおこなった。希望者がいなければ11時くらいまで待機して、その後に解散するという流れだ。

朝が苦手な僕としては、正直、早朝からの活動はつらかった。でも、炊き出しや夜回りへの継続的な参加や地道な福祉行動を通じ、ホームレスの人たちの顔と名前が徐々に一致するようになった。その人が路上に出てしまった背景、生活保護を利用したいと思うにいたった理由、そうした深い部分に徐々にふれられるようになり、もっと彼らの力になりたいと思うようになっていった。

いつも夜回りの北口コースを一緒にまわっているスズさんやクマさんは、ホームレスの人たちからの信望こそ厚かったが、制度のことや役所とのやりとりに関しては、少し心もとない面があった。そんな時に、僕の疑問に答え、相談役となってくれたのがラビちゃんだった。

ラビちゃんとの冷えきった関係も、毎週顔を合わせているうちに少しずつ雪解けを迎え、彼の行きつけのカフェを紹介してもらい、福祉行動のあとはそこで一緒にランチをするのがお決まりになったほどだった。

福祉行動では、多い時は4~5人のホームレスの人が相談に現れる。人員が少ない時にはラビちゃんと二人であたふたしながら相談をこなしていき、わからないことがあればラビちゃんに聞き、場合によってはフクシの担当者にも質問した。

こうして、11月の末になる頃には、おおむね一人で一連の申請同行をおこなえるようになっていた。

ラビちゃんから「相談会」の話を切り出されたのは、そんな折だった。

*

「相談会、ですか？　クマさんに聞いたことあるんですが、年末年始の活動でしたっけ？」

クマさんはいつも、年末年始が路上支援の華だと言っていた。年末は「越年越冬」といって、新宿の中央公園にテントが張られる。急病の人が出た時などに対応するため、医療者やボランティアが24時間常駐する態勢をとり、炊き出しもお昼と夜の２回おこなわれるそうだ。

どうしてこのような手厚い活動をするのかというと、年末年始は日雇いの仕事もなくなり、役所も「閉庁」といって休業になるため、路上生活者の行き場がなくなってしまうからだ。夜回りをしているだけでも、路上の寒さは心身に堪《こた》える。まして極寒の路上で寝泊まりをするなんて、想像を絶する過酷さだろう。

寒い路上で、たった一人で新年を迎えるのではなく、仲間と一緒に年を越そう。そういう想いのもと、中央公園でＮＨＫの紅白歌合戦を見たり、路上演劇やちょっとした音楽イベントを開催したりする。一年に一度だけ、「越年越冬」はちょっとしたお祭りイベントなのだ。

「年末年始は学生さんも社会人も田舎に帰っちゃう人が多いから、なかなか人手が足りなくてさ。でもきみは東京の人だし、ちゃんと手伝ってね。で、越年越冬は越年越冬で手伝ってもらうんだけど、今回頼みたいのは年末に突入する前。閉庁前に、法律家の人たちや支援団体が協力して相談会っていうのをやるんだよ。たくさんのホームレスの人たちが相談に来るから、彼らが生活保護を受けられるようにサポートするんだけど、その手伝いに行ってほしいんだよね。相談会が申請同行できる人員を探しているみたいでさ」

「なるほど。なんだか数年前のハケン村みたいですね」

２００８～09年の年末年始に日比谷公園でおこなわれた「年越し派遣村」。その光景は、僕も当時テレビで観ていたのでなんとなく覚えている。

「うん、まあ似たようなもんだけど……」と、ラビちゃんは続けた。

派遣村自体は、２００８～09年の年末年始に法律家や労働組合とかＮＰＯが中心となっておこなったものだ。当時「もやい」の事務局長だった湯浅誠が村長となり、その翌年末には、東京都が公設の派遣村をおこなうまでになった。しかし、２０１０年はいまのところ公的な支援が特別におこなわれるという話はないようで、有志の相談会がおこなわれることになったのだという。

「たぶん、100人以上の人が相談に来ることになる。申請同行だけでも、ものすごく大変になるだろうから、ぜひ手伝ってほしい。流れとしては、12月27日に年末の相談会、28日から1月3日は新宿で越年越冬。1月4日には年明けの福祉行動。ま、そんな感じだから、頼んだよ」

なるほどなるほど。って、あれ？　ということは、年末年始はずっと休みなし？

この人は20年間、ずっとこんな活動をしてきたのだろうか……。

「わかりました。でも、大晦日は練馬の実家で過ごすかもしれません。相談会の件は了解です」

「OK。じゃあ、先方にきみの連絡先を伝えておくね」

ラビちゃんはそう言うと、足早に店をあとにした。

＊

12月に入ると、世間も僕の周囲も急に慌ただしくなった。有志の弁護士や支援団体の人たちも、年末の相談会に向けて動きを見せはじめていた。

少しでも多くの人に必要な支援が届くようにと、各地でビラまきや告知がおこなわれた。閉庁前のスケジュールとしては、25〜27日に相談会が開かれ、その期間中に窓口にたどり着けなかった人は役所の最終開庁日である28日に現地集合し、申請同行することになっていた。

ちなみに僕は27日の同行役を頼まれていたが、それ以外の情報は何も知らされていなかった。もしかして担当者にちゃんと認識されていないのかもしれない。ていうかラビちゃんもボランティアの先輩たちも、どうしていつも肝心なことをちゃんと教えてくれないんだろう……。

そう思いながらも、少しほっとしていた。ラビちゃんのいないところでの同行はなんだかんだ言って不安だったからだ。

しかし、26日の22時。iPhone に着信があった。

「もしもし。大西さんの携帯ですか?」

若い男性の声。少し焦っているのか滑舌が悪い。

「はい、そうです。大西です。どちらさまですか?」

「あ、失礼しました。Fと言います。相談会の事務局をやっている者で、夜分遅くにすみません。『もやい』のイナバさんからの紹介で、明日、大西さんが同行に行くことができると聞いたのですが、よろしかったでしょうか？」

「はい、話はうかがっています。大丈夫ですよ。それで、どこに行けばいいのでしょう」

Fと名乗った男性は安堵のため息をついた。

「ありがとうございます。Q区に行く人がなかなか見つからなくて。助かりました。お願いできますか？　2名の方と明日9時、Q区の区役所の正面玄関で待ち合わせです。二人とも生活保護の申請書はもう書いてありますから、変な施設などに入れられないよう、同行をお願いできればと思います。目印としてノイエ本を持っていくことになっているのですが、お持ちですか？」

「ノイエ本」とは、ホームレス総合相談ネットワークというところが出版した、生活保護の申請のイロハが書かれている書籍だ（正式名称は『路上からできる生活保護申請ガイド』という）。

「ええ、持っています。ノイエ本を持ってQ区の区役所、正面玄関に9時ですね。了解です。ちなみに、そのお二人はどんな方なんですか？」

「ええと……ちょっとそこまでは。いまは同行者の確保でいっぱいいっぱいでして。とりあえず明日、お願いしますね。ある程度は現場での判断にお任せしますので、よろしくお願いします。では」

そう言うと、Fさんは電話を切ってしまった。100人以上が相談に押し寄せるとラビちゃんも言っていたし、事務局も手いっぱいなのだろう。Q区ならいま住んでいるところの最寄り駅から電車で一本だしそう遠くない。でも、二人以上の申請同行はラビちゃんがいないところでは初めてだし、大丈夫だろうか……。

22時をまわっていたが、かまわずラビちゃんに電話をする。

「もしもし、イナバです」

「あ、大西です。夜分遅くにごめんなさい。明日、相談会の同行でQ区に行くことになったのですが、二人同時での同行を頼まれてしまいどうしたらいいのかなって……。初めて行くフクシだし」

「なるほど。やり方はいろいろあると思うよ。一人の人には少し待ってもらうことになるけど、順番に同行するとかね。もしくはフクシの担当と話して、事前に宿泊先の段取りをしちゃうとか。ただ、ここまでくると現場判断かなあ。Q区のフクシがどう出てくるかもわからないし。まっ、基本は一人の申請同行と変わらないから、大丈夫だよ」

いやいや。現場判断って、それはそうなんだけど。もっと何かこう、別のアドバイスを……。

「ええと、あのー……はい、わかりました。ありがとうございます。とりあえず何かあったら連絡しますから。おやすみなさい」

なかば諦念《ていねん》を持って電話を切り、気持ちを切り替えた。こんなのいつものことじゃないか。なるようにしかならないだろう。それに、サトウさんの同行をした時の僕とはもう違う。

少し早い時間だったけれど、電気を消して休むことにした。

＊

時刻は朝の8時45分。昨晩早く休んだおかげで目覚めはばっちりだ。12月の凜と冷えた空気が肺に心地よい。ノイエ本を手に持って、Q区の区役所の正面玄関前に陣取って約10分。二人の男性が連れ立って歩いてきた。

「あのう、相談会の人ですか？」

声をかけられる。二人とも50代から60代くらい。小柄なほうの男性は黒のコートにジーンズ。パンパンになったリュックを背負っている。大柄なほうの男性は紺色の分厚いジャンパーに作業着のようなズボン。大きなボストンバッグをかかえている。二人とも建築現場で働いているような風貌で、見た目にはホームレスの人とはわからない。

「はい、大西と言います。はじめまして。今日は僕が申請に同行します。よろしくお願いします」

二人の顔がほころんだ。

「大西さん、よろしくお願いします。Q区には初めて来るんで少し迷ってしまいました。相談会では、弁護士さんに自分が住みたいところで申請できるって言われたので、心機一転やり直そうと思いQ区に決めたんです。タナカさんとは相談会で知り合って、同じQ区だって言うから、一緒に来ました。昨晩は二人で駅前のネカフェに泊まったんですよ」

小柄なほうの男性はそう言うと、人懐こい顔で笑った。

「そうだったんですね。とりあえず外は寒いですし、早く入りましょう。申請の前に少しお話をうかがってもいいですか？」

二人は、長らく飯場で住み込みの日雇い労働をしていたという。小柄なほうの男性がヤマグチさん、大柄なほうがタナカさん。二人とも数日前まで働いていたのだが、突然、年末年始で仕事が休業になるから飯場を出ていくように言われたという。

それぞれ、埼玉と千葉から歩いて東京に戻ってきて、たまたま上野の炊き出しに参加し、相談会のことを知ったという。二人ともQ区にゆかりはないものの、交通の利便性やアパートの家賃相場などを考え、Q区で生活を立て直すことに決めたという。

「では、申請に行きましょう」

幸いなことに、Q区の福祉事務所は空いていた。受付に用向きを伝えると、しばらくして奥からスーツを着た管理職っぽいおじさんが、部下らしき男性を二人連れて現れた。

「支援団体の方ですか？」

スーツを着た男性は40代の後半くらい、両脇の二人は50代くらいだろうか。物々しい雰囲気だ。

「あ、はい。昨日から相談会をやっておりまして、そこに相談に来られたお二人の同行で参りました。よろしくお願いします」

「なるほど。相談会のことは聞いています。私は福祉課の課長でHと申します。東京都と23区の会議でも相談会のことは話題になっていましてね。昨年のオリンピックセンターでおこなわれた公設派遣村は今年はやらないと聞いていましたが、民間で相談会があるということだったので。ええと……うちの区はそちらのお二人のみ、ですか？」

僕の後ろのベンチに座っている二人を見ると、H課長は安堵の表情を浮かべた。もっとたくさん申請に来ると思っていたのだろう。

「いやはや、それにしても、相談会では誰がどの区に行くかとか、どうやって決めているんですか？　うちの区は対応がいいという評判が広がっているせいか、沿線のS区の対応が悪いせいか、最近やたらホームレスが流れてきていてね。少し困っているんですよ。おたくのところも、まさかわざとうちに送ったりはしていないですよね？」

H課長の口調にムッとした。

「ええ、もちろんです。だいたい、現在地保護の原則がありますから、送るとか送らないとか関係ないでしょう。住所不定であればどこでも申請できるはずです。それに、ホームレスが流れてくる、っていうのはあまりいい表現ではないですね。困っている人が相談に来たらきちんと保護するのがフクシの仕事じゃないんですか？　最近、各区がホームレス状態の人の宿泊先として劣悪な施設を紹介することが増えているので、支援団体も心配しているんですよ。劣悪な施設環境が原因で失踪してしまう人も多いと聞きますから」

H課長はバツが悪そうに口をつぐんだが、隣の男性がすかさず助け舟を出した。

「相談係長のTです。もちろんですよ。われわれだって、複数人部屋の施設や環境のよくないところになんか入れたくない。ただ、都内は家賃も高いし、個室自体すごく少ない。大上段《だいじょうだん》に正義漢ぶってそんなこと言われてもこちらだって困るんですよ。ところで、あなたはどこのどなたですか？」

すっかり名乗るのを忘れていた。

「失礼しました。ふだんは主に新宿で活動しています、大西です。よろしくお願いします。施設の条件云々に関しては、これから申請するお二人も複数人部屋などはご希望ではありませんから、僕としても譲れません。では、よろしくお願いします」

3人は決まり悪そうに目を伏せ、カウンターの奥に消えていった。しばらくすると、今度は入れ替わりで相談の担当者とおぼしき男性と女性が書類を持って現れた。

「ヤマグチさんは3番のブース、タナカさんは6番のブースに入ってください」

気がつかなかったが、受付窓口の右手の壁にそって、1〜6と番号を振られたブースが並んでいた。僕が一つのブースに入ってしまうと、もう一つのブースに入ったほうの相談内容がわからなくなり、水際作戦みたいな対応をされても気づけない。昨夜ラビちゃんが言っていたように、順番に一人ずつ同行したほうがよさそうだ。

そんなことを考えていると、ヤマグチさんが相談員の女性に想定外の提案を持ちかけた。

「あの、俺とタナカさんと、一緒のブースで相談しちゃダメですかねえ。今朝も一緒に来たし、一人だと心細いんだけれど……」

相談員の女性はあきれ顔で答えた。

「個人情報もありますし、これまでの経緯も含めて一緒にというのはちょっと。聞き取りとかもあるので、それぞれブースに入っていただいてご相談してもらえたらと思うのですが……」

　これはかりは彼女の言う通りだ。順番に一人ずつ同行するのが理想ではあったが、役所が閉まる17時までにはなんとかしなければならない。いまは年末、緊急時だ。

「あの、もしヤマグチさんとタナカさんがOKならですが、お二人とも別々のブースに入ってもらって、僕がブースを行き来するのはいかがですか？　お二人がよければそれでかまわないと思うのですが……」

　相談員の二人はいやそうな顔をしたが、結局、僕がブースを行き来することで決着した。

　以下、ラビちゃんから教わった同行のポイントである、

1. 申請を受けつけさせる
2. 宿泊先をどこにするか
3. 当面の生活費をどうするか

　この3点に絞って、二人同時の申請を終えた。二人とも申請は受けつけられ、隣の

区にあるドヤ（簡易宿泊所）[*7]に泊まれることになり、年明けまでの生活費の貸付を受けることもできた。

事前にH課長やT係長に施設入所に関して釘をさすことができたからか、基本的には二人の納得のいく結果になり、僕もほっと胸をなでおろした。二人をエントランスで見送ると、マナーモードにしていたiPhoneに着信が入った。

相談会の事務局のFさんだ。

「はい、大西です」

「大西さんですか？　Fです。お疲れさまです。そちらはどんな感じですか？」

「申請を終えてお二人をお見送りしたところです。二人とも申請は受けつけられ、V区のドヤに今日から泊まることになりました。生活費も貸付されました。報告して帰ろうと思っていたところでした」

同行後は気持ちが昂《たか》ぶり早口になる。

「そうなんですね。お疲れさまです。しかも、ドヤだったんですね。本当によかったです。ところで、非常に頼みづらいんですが、いまからQ区に申請しに行きたいという人がいるんです。対応は可能ですか？」

お役御免かと思ったら、どうやらまだ帰れないらしい。

「もちろんですよ。まだQ区の区役所内にいますし。何時頃に到着しますか？」

急に無言になるFさん。何か言いよどんでいる様子だ。

「あれ、Fさん？　もしもし？」

「あ、はい……。大西さん、非常に頼みづらいんですが、いまから7人、そちらに行きます」

ん？　この人いま、なんて言った……？

「な、7？　7人って、どうしてそんなに」

「それが僕たちもよくわからないのですが、今日になって駆け込みの相談が相次いでいまして、もちろんQ区だけでなく他区に申請に行く人もたくさんいます。しかし、Q区に行きたいという人が多くて。ご存じの通り、僕たちは何区に行きなさいなどと指定することはできないので、本人があくまで行きたいと言ったらそこに行くしかないわけでして。僕たちのほうで同行に行ける人を大西さんの応援にまわせればいいんですが、なかなか人手が足りずでして。本当にすみません……」

みんながみんなQ区に行きたいなら仕方がない。でも、同時に7人なんてイレギュラーすぎる。顔と名前を覚えるだけでも大変だし、どういう人かもわからない状況で同行に行くなんて……。

「7人となると、とてもじゃないけど丁寧な対応ができません。マンツーマンでつくこともできないし。同行というより、Q区にいるってだけになってしまうかもしれないですけど、大丈夫ですか？」

「もちろんです！　こちらも無理を言っているのは承知のうえですから。申請が受けつけられて、きちんとフクシに対応してもらえればそれで十分です。他区に行っているメンバーにも連絡しなければならないのでいったん切りますね。何人かはもう向かっています。よろしくお願いします」

Fさんはそう言うと慌ただしく電話を切った。相談会の本部は本部できっとてんてこ舞いなのだろう。iPhoneの画面を見ると12時半。相談会の会場からここまでは、早く見積もっても30分以上はかかる。どこかでお昼ご飯を食べて待つことにしよう。

そう思って顔をあげると、手にノイエ本を持った男性が5人、目の前に立っていた。

「あの、大西さんですか？」

……どうやら、ランチはお預けのようだ。

＊

その日、結局、Q区にて生活保護申請をした人は10人を超えた。

午後には応援のメンバーが来て、僕一人という状況は避けられたが、Q区の窓口は相当な阿鼻叫喚《あびきょうかん》の図だったと思う。

H課長は「やっぱりうちに送ってきた！」とばかりに喧嘩腰で言い寄ってきたが、僕も負けじと本人の意思による現在地保護であること、申請を受けつけないのは違法であることをもって反論し、Q区は渋々ではあるものの法律通り、全員の申請を受けつけた。

宿泊先に関しては、先に申請を受けつけられたヤマグチさんとタナカさんがドヤになっていたこともあり、Q区は複数人の施設入所を、と強硬なプレッシャーをかけてきた。しかし、本人たちの粘り強い交渉もあり、先の二人と同じドヤに宿泊するかネットカフェに泊まることが認められた。[*8]

全員の行き先が決まる頃には17時を過ぎていたが、結果的に、それぞれにとってある程度満足のいく結果になったと言えるだろう。その後、僕がQ区に行くたびに係長が現れて対応する、というVIP待遇になってしまうなど、僕とQ区の間に少なからず禍根は残ってしまったのだが。

こうして、初めての相談会での集団申請は見事、万事うまくいった。

……とはやはり今回もいかず、この集団申請が後日、大きなトラブルの種となり、事態は思わぬ方向に向かうことになるのだった。

＊7―日雇い労働者などが住む簡易宿泊所のこと。「宿（ヤド）」の逆さ言葉と言われている。このような簡易宿泊所が並ぶ街を「ドヤ街」とも呼ぶ。東京の山谷《さんや》、大阪の釜ヶ崎、横浜の寿町などが有名。

＊8―基本的に都内では住所不定の生活保護申請者の当面の宿泊先としては、簡易宿泊所などの安価な旅館や無料低額宿泊所と呼ばれる民間の施設を用意することが多い。ネットカフェなどは宿泊施設ではなくあくまで遊興施設・娯楽施設であるために宿泊先として一時的にやむを得ず認めることはあっても長期的に滞在することは難しく、一時的な滞在に関しても厳しい対応をとる自治体が多い。しかし、食事などもつく民間の施設や簡易宿泊所に比べて生活費のやりくりに関しての自由度が高く、また、インターネット環境が利用できるなど、若年層などには利便性が高い。

Column 4　貧困をとりまく歴史

「寄せ場」という言葉を知っていますか？　日雇い労働者と彼らを雇いたい人が集まる場のことです。そこでは「手配師」が求職者を集め、日雇いの仕事を斡旋します。高度経済成長期には、日常的におこなわれていたことですが、違法・不当な労働環境も多く、社会保険や労災に入れないこともざらでした。また、「寄せ場」周辺には「ドヤ（簡易宿泊所）」が密集するようになりました。

彼らが日本の建築ラッシュの担い手として活躍したのですが、バブル崩壊以後、その多くが職を失いました。収入も、貯蓄も、保障もない、家族もいない、ドヤに泊まるお金もない。そうした人びとが駅や公園、河川敷などに「ホームレス」として住むようになったのです。

当初、国や自治体は彼らを排除しようとしました。１９９４年と96年には新宿で「強制排除」がおこなわれ、当事者・支援者の反対運動が盛んになりました。98年、新宿駅地下の段ボール村での火災で亡くなった方が出たことで、ホームレスの人たちが置かれた劣悪な環境に注目が集まり、２００2年には「ホームレスの自立の支援等に関する特別措置法（ホームレス自立支援法）」が成立。ここでホームレス問題の解決が国の責任とされたのです。

そして現在、雇用環境は大きな変化を迎えました。04年には派遣法が改正され、製造業において派遣労働が可能になりました。公的な機関でも派遣労働者や契約社員など、不安定な働き方・働かせ方が一般化し、「ワーキングプア」と呼ばれる働きながらも貧困状態にある人たちの存在が顕在化しました。「寄せ場」を中心としていた日雇い労働の仕組みも、インターネットや携帯電話の普及により、日雇い派遣、登録型派遣という形式で一部合法化され、ウェブサイトを通じて職を探したり、携帯電話を使って就活がおこなわれたりするようになりました。この流れは、「ネットカフェ難民」と呼ばれる人たちの増加を加速しました。

08年のリーマンショックの衝撃も大きなものでした。派遣労働者が大量に雇い止めされた結果、年末年始の日比谷公園に一時的とはいえ約５００人が押し寄せました。雇用の不安定さが住まいの喪失に直結しかねないという現実が、「年越し派遣村」などの活動を通じて広く認知されるようになったのです。

新宿西口地下広場にて（1994 年）© 吉田敬三

時代の変化とともに雇用・家族・住まいのあり方は変容し、若年層にまでも「新しい貧困層」が拡大しているのが、日本の現状です。

第5章

不正受給

暗闇のなか、石油ストーブの明かりがかろうじて水の広場の輪郭をおぼろげに照らし出している。先ほど、二人組の警備員が懐中電灯を片手に通り過ぎて以来、中央公園内を歩く人影は見られない。時折吹きすさぶ身を切るように冷たい風が、厚手のコートの隙間から入り込んでは身体の熱を奪っていく。

時刻は23時過ぎ。10分も歩けば夜の新宿の喧騒に出合えるが、ここは静寂につつまれている。年末だからか、公園の外に目を向けても行き交う車はまばらだ。

水の広場にはテントが3つ。真ん中の大きなテントには「医療班」と書かれた看板がかかっている。1月3日まで医師や看護師、ボランティアメンバーたちが24時間態勢で常駐することになっていて、今夜はラビちゃんが泊まり込むそうだ。

広場の北側、ナイアガラの滝に隣接するテントの看板には「本部」と書かれており、機材や資材などが保管されている。また、公園の入り口にある公衆トイレ近くのテントには主に食料などが運び込まれており、その入り口には元路上生活者のベテランボランティアが門番のようにたたずみ、タバコをふかしながらにらみをきかせている。

広場中央のスペース――ふだんは親子連れや若者でにぎわう空間には、等間隔に配置された4～5台の石油ストーブを囲むように巨大なブルーシートが何枚も敷き詰められ、ホームレスの人びとが毛布や布団、段ボールを重ねて暖をとりながら身を横たえている。正確な数はわからないが１００人はくだらないだろう。

寒風にさらされながらのブルーシートでの雑魚寝は、どんなに元気な人であっても、その身体を蝕まれるはずだ。石油ストーブのあたたかさは、なぐさみ程度にしか感じられない。

現に、医療班のテントでは、具合の悪い人からの相談があとを絶たないという。

「これが越年越冬だよ」

振り返ると、スズさんが立っていた。全身黒ずくめで、外気にふれるのは目しかないというような完全防寒状態。そのまま北極にでも行けそうな恰好だ。

「野営といって、石油ストーブを囲んでみんなでここに泊まるんだ。みんなで身を寄せ合えば寒くないし、具合が悪い仲間がいたらすぐにフォローできるからね」

ここに泊まる？　こんな吹きさらしのなかで？

「ああ、そりゃあ寒いさ。路上でそのまま寝たら即凍死だろうね。でも、ほかに行くところがないし、ここなら最低限の暖はとれる。いざとなったらお医者さんだっている。もちろん、こんなところで眠るのは危険だよ。でも年末年始で役所は開いていない。死ぬほど具合が悪くなって救急車を呼ぶことにでもなれば別だけど、年明けまでなんとかみんなでしのぐしかないんだよ」

ホームレス支援の現場では、何十年も前から綿々と「集団野営」と呼ばれる活動が営まれているそうだ。口で言うのは簡単だが、いざその場に立ち会うと、とてもじゃないが野宿なんてできたものではない。寒すぎるのだ。それに、見ず知らずのおじさんと手を伸ばせば届くくらいの距離で一緒に寝泊まりするなんて、僕にはできない。

「ここで野営できない人はどうするんですか？　病気や障がいがある人は医療テントで休むとして、若い人とか女性のホームレスの人にはかなり厳しいんじゃないですか？」

スズさんは腕組みをして、少し考え込んでから答えた。

「確かに、考えたことがなかったな。そういう人は、ここでの集団野営はできないかもしれない。ここに来ることができる人は、ホームレスの人のなかでも一部なのかもしれないね」

ブルーシートに横たわる100人の影は、新宿で路頭に迷っている人の一部でしかない。この街のどこかで寒さに身を縮めながら飢えをしのいでいる人は、まだたくさんいるのだ。

彼らは、彼女らは、一人ぼっちで年を越すのだろうか……。

寒さのせいか、身震いがした。

＊

年末年始は田舎に帰る人も多く、ボランティアの数は激減する。

普段は５〜６人でまわっている夜回りの北口コースも、残ったのはいつものメンバーであるスズさんとクマさん、そして僕の３人のみだ。

人数が少ないため、年末年始用に各コースは再編される。今日は中央公園と北口コース、明日は西口と東口、というように交代でまわり、まだ支援につながることができていない人と出会うために奔走する。

炊き出しも圧倒的人手不足のため、みんなで分担して調理をおこなう。何百人分もの具材をカットするのは、絶望するほどに気が遠くなる作業だ。延々と涙が止まらなくなりながら、２時間以上タマネギを刻んだりもした。

炊き出しは一日2食。カレーやモツ煮、豚汁などをつくる。

夜の炊き出しのあとには、ボランティアのバンドマンが来て路上で演奏をしてくれたり、野外劇とテント芝居を専門とする「水族館劇場」の興行があったりと、毎日何かしらのイベントがおこなわれる。大晦日にはプロジェクターでNHKの紅白歌合戦を見て、年越しソバを食べ、みんなで一年を振り返りながら一緒に年を越す。

医療班は、具合が悪い人への対応でてんてこ舞いだ。多い日には50人近くの人が相談に訪れる。多くは風邪の症状の訴えであるが、救急車で搬送された人も何人かいた。

それでも案外、平和に年は暮れていった。朝から晩まで一緒にいるせいか、最初は赤の他人でしかなかったボランティアたちの間にも、自然と仲間意識や連帯感といったものが芽生えてくる。

でもみんな、お互いを詮索するようなことはしない。年齢や性別、職業、ここにいる背景はまったく異なるからこそ、お互いがやるべきことだけを淡々とこなしていく。

僕はいったいどこで年を越そう――。

中央公園でみんなと過ごすという選択肢は最初、考えてもいなかったけれど、ここにいるうちに自分だけ実家に帰るのはなんだか申し訳ないというか、後ろ髪を引かれるような気持ちになっていた。この数か月で、新宿の仲間たちは僕にとってかけがえのない存在になっていた。ギリギリまでとても迷ったけど、結局みんなと別れ、大晦日の深夜には電車に飛び乗り、練馬の実家に帰省して、家族と一緒に年を越した。

再び公園に戻った年明け後には早速、大量の相談が寄せられた。ラビちゃんと手分けして相談にのるのだが、役所が開かない限りやれることはあまりない。

年明け最初の開庁日に生活保護申請をするかどうかだけ確認し、待ち合わせの時間を決めて、本人には医療班のテントや野営で過ごしてもらうことにした。結局、申請をする人は20人近くにのぼった。なかには、ボランティアの医師に書いてもらった紹介状を持っている人や、障がいなど、特別な事情をかかえる人もいた。

新宿でこの規模の申請を経験するのは初めてだ。

２０１１年最初のフクシ行動。僕は家に帰り、緊張とともに眠りについた。

＊

「えー、次の方。ヤマダさん」

「相談員のYをお呼びのスギタさん」

「初めての方は受付で名前書いてくださいね」

２０１１年１月４日。新宿フクシは、さながら野戦病院の様相を呈していた。

もちろん、月の初めの支給日は普段から生活保護利用者が押し寄せるのだが、年明け最初の開庁日はやはり特別らしい。待ち合いスペースの椅子に座りきれない人々が、エントランスを越えて外の駐車場スペース付近まであふれ出ている。限られた個室のブースはすでにいっぱいだ。

窓口のパーティションで区切られたカウンター型の相談ブースも、入れ代わり立ち代わりで、相談員たちは座るヒマもなく行ったり来たりし、せわしない。トイレに向かう廊下では、順番待ちの列で口論になったのか、大きな人だかりができ、警備員が必死におじさん二人を引き離している。

以前はこのような光景を見るたびに眉をひそめていたが、いまでは変に慣れてしまって、「ああ、今日もやってるな」くらいの感情しかわかないようになっていた。むしろ、この空間に妙な居心地のよさすら感じるくらいだ。

「てめえ、ふざけんな！」

急に大きな声がしたので振り返ってみると、奥のカウンターでホームレスらしきおじさんが職員に向かって怒声をあげている。上半身をカウンターに乗り出し、その手は相手の胸ぐらをロックしている。それを制止しようと、警備員が厳しい顔で駆け寄ってきたところだ。

やれやれと思いながら、よくよくその顔を見てみると、なんだか見覚えがある……。

あれ、シゲさん？　シゲさんだ！

そのおじさんは、歌舞伎町のコマ劇場前でいつも寝泊まりしているシゲさんという男性だった。シゲさんはもう30年近くも路上生活をしている猛者中の猛者だが、持病があり、病院に通うために定期的にフクシを訪れているのだ。

「シゲさん、あけましておめでとうございます。年末年始、中央公園に来なかったからどうしてるかと思っていたんですよ？　それにしても、新年早々どうしたんです？」

僕の顔を認めて、警備員が取り押さえていた手をゆるめる。シゲさんはふてくされたように手を振りほどくと、地べたにどかっと胡坐《あぐら》をかいてさも不満げに答える。

「あんたかい！　ちょうどいいところに来てくれた、聞いてくれよ。この野郎がよお、入院しないといけないかもしれないから検査のために施設に入れってうるせえんだ。

俺は病院に行きたいとは言ったが入院なんかしたくないし、施設に入るなんてまっぴらごめんなんだ。あんたからも言ってやってくれよ」

また困ったこと言って……と思いながらつかみかかられていた相手のほうを見ると、ケースワーカーのKさんだった。

ケースワーカーは福祉事務所の職員であり、生活保護利用者の支援を担当する人である。都内だと一人で100世帯以上の支援を担当することも多く、泊まる場所の確保や病院の手配、保護費の支給や就労支援、日々の生活でのサポートや訪問、関係部署とのやりとりなど、その仕事は多岐にわたる。

「あ、大西さん。あけましておめでとうございます。シゲさんに入院を勧めたら、ご覧の通り、怒りだしてしまって……」

Kさんのネクタイはシゲさんにつかまれたせいで、あらぬ方向を向いてしまっている。見るからに人のよさそうな50代の男性。福祉事務所に赴任したのは最近で、福祉関係の専門家ではないらしいが、丁寧に話を聞いてくれるタイプで、変な対応をするような人ではない。

「大西さんも知っているとは思いますが、年末に病院の先生から連絡があって、入院して検査したほうがいいと言われていたんです。でも、この通り本人が絶対に入院はいやだと。年齢的にも病状的にも路上生活は厳しいと思うので、安定して住むことができる場所を用意したいと提案しているのですが……」

実は、以前から僕もシゲさんを説得しようとしていた。しかし、彼のように本来は支援が必要な状態であるのに、支援を利用することをよしとしない人は非常に多い。

入院が必要な病気をかかえながら野宿生活をしていたり、ふだんは冷たい対応のケースワーカーが積極的に動いてくれたにもかかわらず、頑として動かなかったりする人もいるのだ。

「シゲさん、やっぱりいやですか？」

長年の肉体労働で巌《いわお》のように強張った背中に向かって話しかける。

「なんだ、てめえまでこいつと同じこと言いやがるのか？　もういい！　もうお前とは口きいてやらねえからな！　会いに来たって無駄だからな！」

シゲさんはプイとそっぽを向いて立ち上がると、人ごみを縫うように立ち去っていってしまった。

「まったく……。Kさん、僕もシゲさんが路上にいるのはそろそろ厳しいのではないかと思っています。毎週夜回りで顔は合わせているので、僕も気にしておきますね。また何かあったら教えてください。僕からも連絡します」
「ありがとうございます、お願いしますね。ではまた」

福祉事務所に通うようになってまだ3～4か月ほどではあったが、相談員やケースワーカーの人たちとも顔が見える関係になり、柔軟なやりとりができるようになっていた。

もちろん馴れ合っているつもりはないので、違法な対応や差別的な言動をとる人には毅然と抗議をしてきたし、時には宿泊先の問題などで言い争いになることもあった。それでもなかにはKさんのような対応をしてくれる人や医療や福祉の知識や経験の豊富な人もいたので、そういう人たちとは連携を図ったり、意見交換をしたりした。

シゲさんみたいな人は、支援団体にとっても、フクシにとってもどうやって支援につなげたらいいのかがわからず、難しい課題となっている。「水際作戦」のような違法対応は言語道断だが、一方で、かなりアクの強いおじさんたちが路上に多いのも事実だ。去年のクリスマス前なんか、がんの末期状態でありながら路上生活していた人をラビちゃんと一緒にタクシーに押し込んで、なかば強制的にフクシに連れ込んだこともあったっけ……。

「きみ、何ぼーっとしてんの？　早く手伝ってよ」

振り向くとラビちゃんが立っていた。いつものように少し体を後ろに反らせて、口を尖らせている。このポーズから判断するに、たぶんちょっと怒っている。

「いや、ラビちゃんも知ってると思うけど、コマ前にいるシゲさんが来てたんですよ。別に遊んでたわけじゃないです」

「だから、そのラビちゃんって言うのやめてよ！　こっちはさっきから大変なんだから。今日は応援で看護師さんたちも一緒に来てくれてるんだけど、彼らは申請同行自体初めてだし。いま1番のブースに入っている人の紹介状、渡し損ねちゃったからきみが渡してきて。あと手前のカウンター。相談員がSさんのところの人、紹介状ないけど精神疾患があって複数人部屋の施設だと難しいだろうから同席して交渉してきて。それが終わったら救急搬送で入院したノグチさんの担当が誰になったか聞いといて。お見舞いにも行かないといけないし」

「了解です。もし何かあったらラビちゃんに聞きますね」

「だから、ラビちゃんって言うのやめてよ!」

*

2011年初の福祉行動は特に大きなトラブルもなく、無事に完了した。新宿フクシの側も、年明け最初の福祉行動ということを長年の歴史から理解しており、特にもめることもなかった。

今回申請同行した20名はそれぞれ病気を持っていたり、家族関係にトラブルをかかえていたりと、一癖も二癖もある人たちだったが、おおむね希望通りの条件で通すことができた。ボランティアの看護師さんが買ってきてくれたおにぎりを持って、フクシの駐車場の片隅にみんなで車座になった。

「お疲れさまでした。初めて越年越冬に参加して、いろいろ勉強になりました。これを20年やっているなんて、ラビちゃんってやっぱすごいですよね」

「だから、ラビちゃんって言うのやめてよ! きみ、わざとやってるでしょう……。まあ、越年の何がつらいって言ったら寒さだよね。でもそれ以外はなんとでもなるし。

気づいたら20年経っていたって感じかなあ。大西くんもきっとあっという間だよ」

「えっ、やめてくださいよ。20年後も何も、僕は来月のことさえままならない身なんですから」

そう。いまだに僕はバイトをしながらフラフラと生きている。初めての炊き出しからもうすぐ1年が経つ。でも、自分が知識を身につけ成長すればするほど、支援の世界に踏み込めば踏み込むほど、問題の根深さと、現状のどうしようもなさに気がつかされる日々だった。

一人の人間が貧困におちいり「ホームレス」へといたるまでの背景、生活保護という制度とその問題点、生活保護利用者に対する世間の眼差し、一筋縄ではいかない事情と複雑な感情をかかえた人たち……。

「知識や理解は深まったと思うんですよね。でも深みを知れば知るほど、より霧のなかというか、より大きな壁にぶつかる感じがしていて……。イナバさんはどうして20年もこんなことを続けてこれたんだろうって、すごく興味あるんですよね」

「うーん。どうしてだろうねえ。もちろん、僕も初めから20年やるとは思っていなかったよ。さっきも言ったけど、気づいたら20年経っていたというほうが正しい気がする。

僕たちにできることは少ないけれど、できることを積み重ねていくしかないし、一つひとつ目の前のことをやっていくしかないというか。正直、来年自分がどうなっているかわからないし、5年後、10年後なんてなおさらだよ。社会だって、ホームレスの問題だって、どうなっているかわからないしね」

イナバさんは不思議な人だ。飄々としていてとらえどころがない。でも、心は熱い。僕はどうだろうか。どこに向かっているのだろうか。

ブーブー、ブーブー、ブーブー。ブーブー、ブーブー、ブーブー。

花園神社から覆いかぶさってくる木立をぼんやりと眺めていたら、iPhone の着信に気がついた。知らない番号からの電話だ。

「もしもし、大西です」

「あ、大西さんですか。Q区の生活福祉課の相談係長のTです」

Tさんの声は心なしか硬い。年末の集団申請の一件で、心証を害してしまったのだろうか。

「ああ、Tさんですか。あけましておめでとうございます。先日はお世話になりました」

「大西さんあなたね、お世話になりましたじゃありませんよ。年末にあなたが連れてきたタニグチさんの件で……いや、タニグチさんと言いますか、その時はシライと名乗っていたのですが。この方がね、偽名を使って生活保護の申請をしていたんですよ。大西さん、このことご存じだったんですか？　これはね、不正受給の疑いもありますよ？　いったいどういうことなんですか！」

タニグチ？　シライ……？

年末の集団申請の時の人らしいが、顔どころか名前さえも思い出せない。

「Tさん、申し訳ありません。ちょっと状況がわからないので、いまからQ区に行ってもいいですか？　タニグチさん？　シライさん？　は、そちらにいらっしゃるのですか？」

「本人はここにいます。何時にこちらに着きますか？」

「15時半には着けると思います。では、よろしくお願いします」

偽名？　不正受給？　いったい何が起きたのだろう。

電話を切る手が、少し震えた。

「タニグチさん？　それともシライさん、とお呼びしたほうがいいのでしょうか……」

＊

「タニグチです。本当の名前は。すみません……」

Q区の福祉事務所の相談ブース。区役所に着いてすぐ、T係長に詰め寄られたけれども、無理を言ってブースを貸してもらい二人きりにしてもらった。まずは、本人からきちんと話を聞きたい。とはいえ、いざ正対すると何から話を切り出したらいいものか……。古びたパイプ椅子がギシギシ軋んで落ち着かない。扉の向こうではT係長が気配をうかがっているのか、すりガラスの窓にシルエットが映って間抜けに見える。暖房の風が直撃して頬が上気する。

「あの、単刀直入に聞きますね。どうして本当の名前を言わなかったんですか？」

「……」

「別に僕は役所の人じゃないんで、あなたをどうこうしようとも思いません。そういう権限もないし。ただ、単純に聞きたいんです。偽名を使われたという事実はお認めになられていると聞きましたが、何かそうしないといけない事情があったのですか？」

「……」

「年末に僕と会ったのを覚えていますか？　相談会に来てくださったんですよね。あの日は本当にバタバタしていて、きちんとシライさん、いえ、タニグチさんのご事情を聞かないで同行をしてしまいました。ごめんなさい。これは僕の責任でもあります。ただ、ご事情があるのなら、いまからでも遅くはないので教えていただけませんか？」

「……」

ガラガラと音がして、業を煮やしたT係長がブースに入り込んできた。

「タニグチさん、困りますよ。偽名を使って生活保護を受給しようとするなんて。まさか、どこかですでに生活保護を受給していて、二重に不正受給しようとしたんじゃないでしょうね!?」

「Tさんちょっと！　いまはやめてください。僕が話しているんですから」

「大西さん、何を言ってるんですか！　そもそもね、あなたたちがタニグチさんをうちに連れてきたんですよ？　あなたたち、もしかして不正受給を斡旋しているんですか？　だいたい、きちんと聞き取りもしないで申請に来るなんて。これはあなたたちの問題じゃないのですか？　水際作戦だとか対応が悪いだとか、あなたたち支援団体はいつも正義を振りかざしていい恰好をしようとする。でも、その結果がこれですよ！　偽名で申請されて、迷惑をこうむるのは私たち福祉事務所なんですから。生活保護はね、国民の血税なんですよ！　もう二度とこんなことはしないでください。さあ、もう帰ってください！」

確かに、きちんと聞き取りができていない状態で同行に来てしまったこちらにも非はある。しかし、そもそも偽名で生活保護を申請するなんて論外だし、タニグチさんのとった行動はナンセンス極まりないように思われる。そのわけを知らない限り、根本的な問題の解決にはならない。

「タニグチさん。教えてもらえませんか？　何か、本名を言えない事情があったのではないですか？」

もういいから帰ってくれと言わんばかりに、T係長が立ち上がって扉のほうに向かった。

「ねえ、タニグチさん。これは重要なことなんです。事情があったのなら教えてほしいんです」

「……あの…………実は……」

タニグチさんはうつむいたまま、本当に申し訳なさそうに口を開いた。

「はい。タニグチさん。お話、してくれますね？」

「実は……過去に生活保護を受けたことがあって……。生活保護は一回しか受けちゃいけないと、聞いていたから……別の名前で……」

タニグチさんは絞り出すようにそう答えると、ゆっくりと顔をあげた。彼の目には怯えのようなものが見てとれた。

T係長は扉を開ける手を止め、ぽかんとしていた。

「あんた……そんな理由で偽名を使ったのか……？」

呆れたようにため息を漏らすT係長。

僕も、タニグチさんの発言の意味をすぐに理解できなかった。

「え……あの、そんなことで？　えーと……本当にそれが理由なんですか？　ほかの自治体でも生活保護を受けているとか、暴力団の人に脅されたとか、家族に知られたくなかったからとか、何か、そういう理由じゃなくて……？」

「あ、はい……」

タニグチさんは小さくうなずいた。波立つ心をなんとか落ち着けて、僕はゆっくり説明した。

「タニグチさん、いいですか？　生活保護は生活に困ったら誰でも、何度でも利用できる制度なんです。利用するのに回数制限はないんです。保護が必要なら、ちゃんと支援を受けることができるんです。ご存じなかったですか？」

「……はい。すいません。本当にすいません……」

タニグチさんは身体を縮こまらせて、ただただ恐縮していた。

*

その後、T係長と僕の聞き取りにより、タニグチさんが、以前生活保護を利用していた自治体の職員から、「生活保護は人生で一回しか使えない」という嘘の説明をされていたことが明らかになった。また、彼自身も軽度な知的障がいを持っていることが判明し、今後は障害福祉課と連携して支援にあたることが決定した。

正直、拍子抜けの結末だった。まさか、こんな理由で偽名を使うなんて。場合によっては犯罪になってしまうというのに。タニグチさんは、偽名であることを隠し通せると思ったのだろうか。隠し通せたとして、偽名のまま今後の人生を生きていくつもりだったのだろうか……。

タニグチさんがしたことは、確かに「いけないこと」だ。でも、僕に彼を責めることはできなかった。というより、許せなかったのは、誤った生活保護の情報を彼に伝えた前の自治体の担当者だ。

生活に困っている人に不足しているのは、何も食べ物やお金といった物質的なものだけではない。彼らには、正しい情報にアクセスする手段も足りていないのだ。そんなタニグチさんに間違った情報を伝え、制度から遠ざけた担当者のことが心底許せなかった。

タニグチさんが担当者の言葉を鵜呑みにしてしまったことの背景には、彼のかかえる障がいが関係していたとも思う。一方で、「生活保護＝悪いこと」という社会のイメージが、彼の思考に影響を及ぼさなかったと、誰が言えるだろうか。

その日、僕はなんともやりきれない、ドロドロした気持ちのまま家路についた。

その後の支援でも、僕は何度も不正受給の現実に直面することになった。ある人は故意に偽名を使い、複数の自治体から生活保護を受給しようとした。就労収入をきちんと役所に申告しない、いわゆる「申告漏れ」にも何度も出くわした。当人に責があるのは事実なのだが、明らかに故意の、悪質な事例は少なかった。

なかには障がいや傷病を持つ人もいたし、制度の仕組み自体を理解できていない人も数多くいた。高校生の子どもが、親が生活保護を受けていることを知らないままアルバイトをしてしまい「申告漏れ」とされたこともあった。自分がしていることが「間違ったこと」「いけないこと」だと、彼らは考えもしなかっただろう。

ニュースなどで「不正受給」の話を耳にするたびに、僕はあの日のタニグチさんの表情を思い出す。彼は、運よく「不正受給」とされずに済んだにすぎなかった。

＊

「路上での支援をしていると、自分の『ふつう』の感覚が変わる」

あるボランティアの人がそう言っていた。一見したら非合理な選択を、路上の人たちがあえてしているように思えることがある。そのたびに「なんでこんなことを?・」と、思ってしまうのだが、それは僕たちが、僕たちの価値基準で彼らの言動を測っているからにすぎない。路上では、僕たちの「ふつう」の考えや行動が通用しないことがほとんどだ。

彼らにとっての「ふつう」は、あくまで「路上のふつう」。彼らはそれしか知らないし、知りえないのだ。

タニグチさんにとっての「ふつう」は、僕やTさんの「ふつう」とは違っていた。ちょっと考えればわかるような嘘の説明を真に受けてしまうし、法律にふれそうな行為でも躊躇なく踏み越えてしまう。嘘をついたために自分の未来がどうなるのかについて、彼はあまりにも無関心だった。

でも、僕たちの「ふつう」と少し違ったというだけで、彼に100%責任があったと、断言してしまっていいのだろうか。もしあなたが、「今日からあなたの『ふつう』は受けいれられなくなりました」と、急に社会や世間の側から宣告されたらどう思うだろうか。

タニグチさんは現在、Q区の隣、W区にある知的障がい者用のグループホームで生活している。

彼が作業所でつくったというしおりを、僕はいまでもたいせつに使っている。

Column 5　不正受給ってどれくらいあるの？

「生活保護のくせにベンツに乗っている」「生活保護費を渡してもパチンコに使われる」

テレビや新聞、雑誌などではこのような声をよく聞きます。生活保護制度は本来、生活に困ってどうしようもなくなってしまっている人を支えるとても大切な制度のはずなのに、お金の話だからなのか、どうも感情的な議論に流れてしまいがちです。

「税金で養ってもらっている」「努力しないやつが使っている」というネガティブな価値観が広まっていることは、制度の信頼性に関わる重大な問題です。このような世論は、生活保護利用者が、自分が生活保護を利用していることを恥に思い、人に言えなくなったり、それによって精神的に追い詰められたりしてしまうことにもつながってしまいます。では実際、本当に不正受給は横行しているのでしょうか。

厚労省の資料によれば、2011年の段階で、不正受給は全国で年間3万5568件。金額換算で約173億円。これは、生活保護にかかる費用全体から見ると約0・5%です。件数自体は増加傾向にあるので一見多いように思えます。しかし、これは生活保護利用者の総数が増えているためであり、1件当たりの金額はむしろ減っているのです。

不正の内容に関しては、収入の無申告や過少申告から、預貯金等の無申告にいたるまで、申告上の不正・不備が8割以上を占めます。生活保護利用中は、仕事をしたり年金をもらったりするたびに申告しなければなりません。この無申告や過少申告には、悪意ある不正受給だけでなく、単に申告を忘れてしまった、申告しなければいけないことを知らなかった、仕組みが複雑で間違ってしまったというものも含まれています。

障がいを持っている人が、作業所で働いた工賃を申告しなければならないことを知らずに不正受給となっていたり、母子世帯で母親が生活保護利用中であることを子どもに伝えておらず、子どもがアルバイト収入を申告しなかったせいで不正受給になってしまったケースがあったりと、多くの人がイメージする悪意ある

不正受給件数、金額等の推移

年	不正受給件数	金額（億円）	1件当たりの金額（万円）
2005	12,535	71.9	57.4
2006	14,669	89.8	61.2
2007	15,979	91.8	57.5
2008	18,623	106.2	57.0
2009	19,726	102.1	51.8
2010	25,355	128.7	50.8
2011	35,568	173.1	48.7

総務省「平成26年 生活保護に関する実態調査 結果報告書」より作成

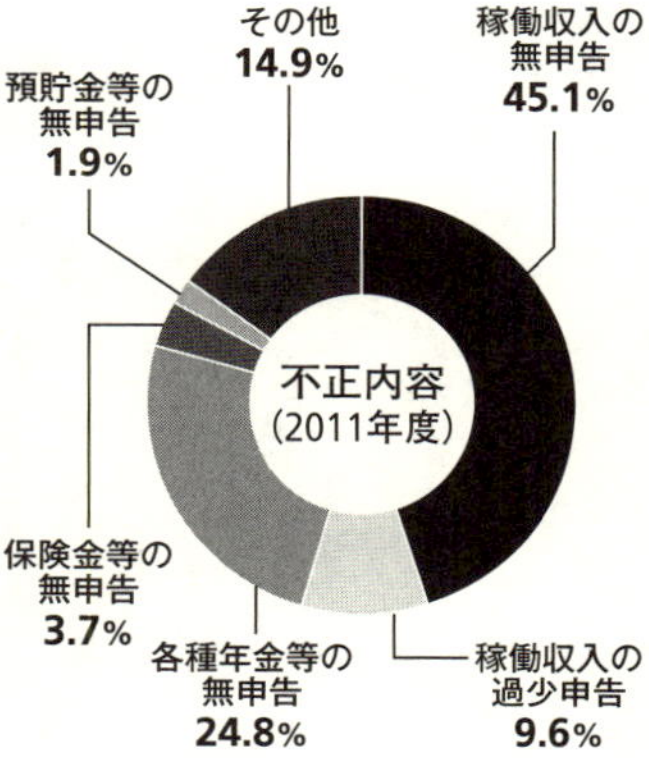

厚労省「平成25年 生活保護制度の概要等について」より作成

不正受給とは異なる実情があるのです。

もちろん、ニュースになるような悪質な不正受給は存在します。それは犯罪です。しかし、行政でも支援現場でも、悪質な不正受給は非常に少ないというのが共通認識なのです。

第6章 若者

ゴーゴー、ゴーゴー。

地鳴りのような風の音が聞こえる。かつて街であった場所は、コンクリートの建物の残骸をのぞけば人っ子一人おらず、むきだしの大地をさらけだしている。

すでに原形をとどめていない車や家屋などの一部は街の一角に片づけられ、道路は整地され、どこに家があり、商店があり、オフィスがあったのかは、もはや定かではない。ところどころに捜索の終了を告げる赤いペンキの「×」マークが生々しく残り、視界に入るたびに背筋が凍る。ひっきりなしに自衛隊や警察車両、重機を載せたトラックや大型車両が行き交い、そのたびに土埃が舞う。

庁舎の屋上からは、ここからは見えるはずのなかったという海が見えた。突き抜けるような快晴。迷い込んだカモメが止まり木を探して屋上の手すりにたたずむ。

海まで1キロメートル弱。さえぎるものは何もない。

目の前に広がる光景に、ただただ言葉がなかった。

2011年5月。岩手県陸前高田市。

僕は数週間だけだが、被災地支援に参加するために東北を訪れていた。市の職員に案内されてのぼった屋上からの風景を、僕は決して忘れないだろう。うまく説明できないが、僕のなかで何かが大きく変わった瞬間だった。

同年3月11日、僕は震災のその日を友人の家で過ごしていた。交通機関は麻痺し、帰宅するのは困難だったので、そのまま泊めてもらい、翌日家族のもとに帰った。

スーパーやコンビニでは食料品などの買い占めが起こっていたこともあり、もやいでは急遽、備蓄していた食料を生活困窮者向けに提供することになった。僕も、ラビちゃんからの要請を受けて手伝うことにした。

もやいのメンバーやホームレス支援に携わる団体では、炊き出しなどのノウハウを活かしてすぐさま被災地入りし、支援活動を展開する者も多かった。3月19日には、福島県双葉町《ふたばまち》の役場と住民1000人以上がさいたまスーパーアリーナに避難してくるということで、僕にも声がかかり避難者の要望や困りごとなどの聞き取り調査に参加した。さいたまスーパーアリーナでは、多くの家族が段ボールや毛布などでパーティションをつくりながら、通路にそれぞれの寝場所を整えていた。

僕はといえば、ホームレスのおじさんたちから教えてもらった効率よく暖がとれる段ボールの組み方などを紹介しながら、自分にできる範囲での支援に取り組んでいた。

帰り道、ＪＲ池袋駅で下車すると、東武百貨店のシャッター前にはいつも通りおじさんが酔っ払って寝転がっていた。未曽有の大震災があって、たくさんの人が命を失い、傷つき、住まいや生活のすべを奪われた。そして、多くの支援に携わる仲間たちが被災地や各地の避難所で奔走している。

僕が被災地に行ってできることなどたかが知れているだろう。いま僕がすべきことは、仲間たちが安心して被災者支援の活動をできるよう、目の前の日常の活動を継続し、支えていくことくらいだ。

＊

翌日、ラビちゃんから電話がかかってきた。

「もやいのメンバーにも何人か被災地に行った人がいてさ、とてもじゃないけど通常の相談のほうがまわらなくなっちゃっているんだ。きみ、手伝ってくれない？」

彼も、東京に残ってこれまで通りの活動を続けていた。考えていることは同じだった。そして僕は、その日を境に新宿だけでなく、もやいの活動にも深く関わるようになった。

「家出をしてきたんです。どうも仕事とか、うまく見つからなくて」

ワタナベくんはそう言うと、底抜けに明るく微笑んだ。

5月、新宿中央公園。彼とはそこで出会った。聞けばまだ22歳。自分より年下の人の相談にのるのは初めてだ。おじさんの相談にばかりのっていたこともあり、妙に緊張してしまう。ジャニーズ系のベイビーフェイスにパーマのかかった茶髪、おしゃれなパーカー。いわゆる今風の「イケメン」という感じだ。

「え〜と、ボランティア希望ではなくて、相談なんだよね……?」

「はい、相談したいんです。実家を出て東京に来たものの仕事が見つからなくて。いま借りているマンスリーの部屋にいられるのも今週いっぱいだし。相談できるところがないかネットで探してるうちに、ここにたどり着いたんです」

なるほど。ネットカフェ難民ならぬ派遣切りならぬ、若者ホームレス予備軍とでも言うべきか。

「家を出てきたってことは、何か事情があったの？　だとすると、お金にも困っている感じだよね」

「はい。父に二度とうちの敷居をまたぐなって追い出されたんです。もともと暴力的な人だったんですけど、ここ最近は特にひどくて。殴られることもしょっちゅうだし、いやになって逃げてきちゃいました。いま手元に500円くらいありますが、これが全財産です。あと5日で寝泊まりできるところもなくなっちゃうし、いや〜、本当に困ったなあって」

思わず隣にいたクマさんと顔を見合わせてしまう。笑いながらさらりと話してはいるが、状況の切迫度は高いようだ。夜回りはみんなに任せよう。ここは炊き出しが終わったばかりで騒がしいし。

「わかりました。では、もうちょっと詳しく話を聞かせてください。立ち話もなんだし、近くのファミレスにでも入りましょうか」

「あ、え、え〜と……」

ワタナベくんは恥ずかしそうに、急に下を向いてモジモジしだした。

「あれ、どうかしましたか？」

「あの、いや、僕、お金が……」

「あっ」

不注意だった。

見た目にはまったくわからないが、彼はいま、お金に困っているのだ。

「大丈夫ですよ、僕が出しますから。さ、行きましょう」

ほっとしたように面を上げた彼のバラ色の頬を見てドキリとした。なんと言うか、彼の不安げな目を見ていると何かしてあげなければという気持ちになる。イケメンは、得だ。

*

ワタナベくんは宮城県出身。地元の高校を卒業後、飲食店に就職したがわずか1年で辞めてしまった。なんでも、同期の女性社員とつき合うことになったことが職場にバレ、先輩からいじめを受けるようになったとか。

仕事を辞めてからは3か月ほどの無職期間を経て、今度は派遣で地元の工場のライン仕事を見つける。半年ほど勤めたのだが、立ちっぱなしの仕事に耐えられなかったのと、前の職場の恋人との不仲もあり、心身ともに落ち着かず退職。

「もうちょっと我慢していればよかったなあ」と、本人は振り返る。

工場の仕事を辞めてすぐ、近所のコンビニでバイトをはじめたのだが、深夜のシフトに入ることが多くなり、この頃から不眠に悩まされるようになった。通院しながら仕事を続けていたが、結局、1年もたずに辞めてしまい、そこから日雇いのバイトをのぞけば無職状態だという。

彼の父親は地元の左官屋で働いている職人さんで、母親はスーパーでレジ打ちのパートをしている。弟は一族のなかでも抜きん出て優秀で、東京の大学に通っているそうだ。ただ、決して裕福な家庭ではなかった。

父親は幼少期よりしつけが厳しい人だった。おもちゃを買い与えられたことはないし、きらいな食べものを少しでも残すと、すぐに廊下に立たされた。毎晩のようにお酒を飲んで帰ってきてはそのたびにくだをまく父親の機嫌を気にして、家族はいつも夜になるとテレビの音量を小さくしていたという。ワタナベくんが高校を出てからは、彼がなかなか仕事を続けられないことをめぐってたびたび衝突。拳が飛んでくることはしょっちゅうだったそうだ。

震災後、復興のために職人だった父親の仕事は忙しくなり、人手が足りないからとワタナベくんも手伝いに駆り出された。しかし、慣れない仕事でミスを連発してしまい、ついにカミナリが炸裂。「二度とうちの敷居をまたぐな！」と勘当されてしまったという。

家を追い出され、一時的に元恋人の家に身を寄せるも、もちろん元なのですぐに彼女にも愛想をつかされてしまう。こうしてなけなしの貯金を持って上京したのがゴールデンウィーク前のこと。かなり切羽詰まった状況のように思えるが、東京駅に着いた時のワタナベくんはと言えば、初めて実家を出た解放感とワクワクで胸がいっぱいだったという。

「最初は意気揚々と東京に来たんです。だって、ずっとあの家を出たかったんですもん。父は暴力をふるうし、母は見て見ぬふりをするだけだし。最初は弟のアパートに転がり込もうと思ったんですけど、ドアを開けてももらえませんでした。弟も、一日でも早く家を出たくてしょうがなかったんですよ。だからあいつは一生懸命勉強してたんです。ほんと、兄貴として弟だけが誇りです」

ワタナベくんはここまで一気に話すと、冷えきったハンバーグを一口ほおばった。

「でも、一方の僕は勉強もできないし運動もダメで。昔からあいつのほうが年下なのに、全部僕よりできちゃうんです。悔しくないと言ったら嘘になるけど、ほんと尊敬してるんですよ。父のことは昔からあんな人だから仕方ないけど、弟に追い返されたのは、けっこうショックでしたね」

弟に追い返されてしまい、行くあてもなかった彼は、その晩はネットカフェに泊まり、翌日には貯金をはたいてマンスリーを借りて仕事探しをはじめた。しかし、これと言って資格やスキルがあるわけではないし、住民票も宮城県のまま。登録型の派遣で日雇いの梱包の仕事を少ししたが、今回もうまく馴染めなかったという。

「うまく馴染めなかった」ってなんだと思うかもしれないが、ワタナベくんに限らず、生活相談にのっているとよく耳にする台詞だ。うまく自分の気持ちや感覚を咀嚼《そしゃく》できないのだろうか。

ちょっとくらい我慢しろよとか、やりすごせばいいのにとか、一見、自己責任に思えてしまうこともあるが、あえて擁護すれば「不器用」という一言に尽きるのかもしれない。ワタナベくんは、深刻な話をしている時でさえ少しヘラヘラしているように見えてしまう。もしかしたらそういう部分が、いろいろなところでいじめられたり、うまくいかなかったりする原因の一つなのかもしれない。

「ワタナベくんは、これからいったいどうしたいの？」

彼の人生は、まだまだ長い。実家には本当に帰れないのだろうか。本気で頼めば弟さんだって協力してくれるのではないか。日雇いでも住み込みでも、仕事だって見つかるのではないか。

さまざまな選択肢と可能性が、次々と頭に浮かんでは消えていく。

とはいえ、22歳の青年が、5日後にはホームレス状態になるという目の前の現実に変わりはない。そうであれば、いま僕にできることは一つだ。

「とりあえず、一緒に役所に行って相談してみましょうか」

ワタナベくんは、僕の逡巡《しゅんじゅん》を知ってか知らずか、微笑みながら「お願いします」と甘い声で返事をした。う～ん……なんていうか。やっぱりイケメンは得だ。

＊

「生活保護には扶養義務というものがあって、まずはご家族や親族が養うのが基本です。ワタナベさんにもご家族がいらっしゃるわけですから、援助してもらわないといけません。わかりますね？　それにワタナベさん、まだ22歳でしょう？　一度ご実家に帰って就職活動されたらいかがですか？」

Ｐ区の相談係の女性、Ｕさんはいかにも陰険な感じの相談員だった。わざとなのか無意識なのか、赤ちゃん言葉みたいに一語ずつ、ゆっくり、甘い声で、ささやくように説明する。そして、肝心のワタナベくんはさっきからずっと微笑んだまま、何も言い返さない。仕方がない……。

「いやいや、ちょっと待ってください。彼は父親からの身体的暴力に日常的にさらされてきたわけですから。先ほどもその話が出たでしょう。扶養義務、扶養義務とおっしゃりますが、この場合は扶養照会を控えてもいいのではないですか？」

民法の規定にある「扶養義務」は、文字通り「義務」として2親等の家族・親族に扶養を求めるものだ。しかし、生活保護法においては、「扶養義務」はあくまで可能であれば扶養する、という程度のものであり、必ずしも強制力があるわけではない。家族の在り方は多様だし、2親等でも孫ともなれば、急に扶養を求められても困ってしまう場合もある。

　とはいえ生活保護法上、「扶養」に関しては強制ではないにしても保護に優先するもの、とされている。ＤＶ（夫婦やカップル間の暴力）や虐待など、家族や親族に連絡することが危険な場合をのぞけば、多くの場合、「扶養照会」といって家族や親族に「扶養できるかどうか」を問い合わせることとなるのだ。[*9]もちろん、家族や親族が「扶養できる」「援助できる」という状況であれば生活保護は必要ないし、少額なら援助できるという場合は、足りない金額分を生活保護でまかなうかたちになる。

　しかし、この「扶養照会」というのは実にやっかいだ。本来は生活保護が必要なくらい困窮しているのに、家族や親族に知られたくないという理由から申請をためらってしまう人があとを絶たない。また、この「扶養義務」を過度に役所側が強調することで、申請者の気持ちをくじけさせてしまうことも多い。


「彼はまだ若いですが、不眠などの症状も見られます。かつては通院していたそうですが、失業してからは父親がお前は怠けているだけだと医療費を出してくれず、治療が中断されています。これだって立派な暴力ですよね？　もちろん、彼は東京に縁があるわけでもないですが、実際にいまP区にいて、しかも、借りているマンスリーを明日にも出ていかないといけない。緊急事態なんです」

相談員のUさんは、うんざりした顔で書類をまとめると立ち上がった。

「上司と相談してくるのでお待ちください。でも、こういうやり方ってどうかと思いますよ？　なんでもかんでも生活保護にしようっていうのは、どうもね。ご実家から捜索願が出ていないかとかも考えないといけないし。ご家族だって本当は心配しているんじゃないかと、私は思いますけどね」

確かに……。捜索願についてはまったく考えていなかった。実際のところ、ワタナベくんは本当に実家に戻ることはできないのだろうか。戻れないにしても、金銭的な援助をしてもらうとか、アパートを借りるための費用を捻出してもらうだけなら、不可能ではないのかもしれない。

Uさんがブースから出ていくと、ワタナベくんと二人きりになった。

「ねえ、ワタナベくん、Uさんも言っていたけど、実家に帰るのはやっぱり難しいのかな？　それこそ、ホームレスになりそうな状況だってことをご両親が知ったら、仕送りとか、何かしらの援助をしてくれるってことはないのかな？」

相変わらず微笑んだままのワタナベくん。どうしてこんな状況でも笑っていられるのだろうか。むしろヘラヘラと、不謹慎にも感じる。そんな僕の気も知らず、彼は小首をかしげてこう言った。

「大西さん、僕はもう、実家には帰りたくないんです。やっと家を出られて、ほっとしているんです。今日から僕の、新しい人生がはじまるんです」

ギギッ……ガラガラガラ、と扉が開いてＵさんが戻ってきた。Ｐ区の区役所は老朽化していて、扉の建てつけがこの上なく悪い。

「ワタナベさん、いま上司と確認してきました。今日の今日で扶養照会を止めるかどうかを判断することはできません。Ｐ区として協議の上で決めます。申請は受けつけますから、明日からの宿泊場所などについてもこちらで確保させていただきます。それでもよろしいですか？」

Ｕさんは、ワタナベくんではなく僕に向かって話しかける。ワタナベくんは微笑んだまま、何も言わない。なんだか力が抜けてしまった。

「はい、扶養照会についてはわかりました。では宿泊場所についてですが……」

彼のような若者を、複数人部屋の環境の悪い施設に行かせるわけにはいかないだろう。宿泊場所をどこにするかは、申請同行の際の大きな論点だ。だが、Uさんもそのことをよくわかっているのか、すかさず応答した。

「ネットカフェなどで寝泊まりができるようですので、費用をお貸しします。しばらくはそれで何とかしていきましょう。また明日、今日と同じ時間に来てください。ワタナベさん、いいですか？」

Uさんが、ワタナベくんの目を見て問いかける。

そして、ワタナベくんは今日いちばんの笑顔で答えた。

「はい。ありがとうございます」

＊

「あの、大西さんですか？　僕です。ワタナベです。ちょっと相談したいことがありまして」

ワタナベくんと一緒にP区のフクシに行ってから2週間が経った。

被災地支援のために岩手の沿岸部に来ていた僕に、急に彼から電話がかかってきた。なんでもその後、Ｐ区の相談員Ｕさんからご家族に連絡、つまりは「扶養照会」がいくことになったそうで、連絡を受けた両親が責任をもって養うからと、ワタナベくんはいったん実家に帰ることになったという。実家は仙台駅からすぐのところ。もともと僕も仙台駅を経由して帰京するつもりだったので、急だったが彼と落ち合うことにした。

駅前のコーヒー店で待つこと20分。遅刻を悪びれることもなく、ワタナベくんが現れた。

「ワタナベくん、こんにちは。ひさしぶりですね。こっちに帰ることになっていたなんて、まったく聞いていなかったから驚きました。って……そのくちびるのアザ、どうしたの?」

よく見ると、彼のサーモンピンクだったくちびるは、内出血のためか薄紫色に変色してしまっている。心なしか顔色も悪く、表情も能面のように硬い。

「大西さん、急にごめんなさい。東北に来ていらしたんですね。またお会いできるとは思っていなかったので、こちらこそ驚きましたよ。ああ、そうなんですよね。このアザ。顔はなかなか隠せないから困っちゃいます。でも、顔以外にも実は……」

そう言うと、彼はおもむろにシャツの左袖をまくった。

見れば、無数の丸い火傷の痕。10は超えているだろうか。

「もしかして、これ、根性焼き？」

根性焼きとは、火のついたタバコを手などに押しつける行為であり、親から子への虐待などでおこなわれることも多い。もちろん暴力であり、立派な犯罪だ。火傷の痕はケロイドになり、一生残ってしまうこともある。

「日常的に……こういう暴力も受けているの？　これは、いまも……？」

ワタナベくんは、恥ずかしそうに、そして困ったように微笑みながらうなずいた。

根性焼きについては、僕も初耳だった。くちびるが変色しているせいか、2週間前はさわやかに見えた笑顔も、今日は痛々しい。

「父が暴力をふるうのはいまにはじまったことではないので。ただ、今回はダメでした。家出して東京に行った僕が生活保護の申請をしたということが、本当に許せなかったらしくて。P区の人から実家に連絡があった時、最初は母が出たらしいのですが、途中で父に代わって。その日、父は仕事が休みで朝から家で酒を飲んでいたらしく、『ふざけんじゃねえ、帰ってこい！』って」

「Ｐ区は……Ｕさんはなんて？」

「お父様が帰ってこいと言うなら、こちらでは保護できないと。家族引き取りということで実家に帰ることになって、その日の深夜バスで仙台に戻りました。玄関を開けた瞬間にゴツンと、父にやられました。いや〜、あまりの痛さにあごのかたちが変わったかと思いましたよ」

Ｐ区がどういう話し合いの末に結論を出したかはわからないが、「扶養照会」はおこなわれた。

そしてその結果が、ワタナベくんの体に刻まれた暴力の痕だった。

「殴られたあと、タバコで根性焼きをされました。何度やられても慣れないんですよね、アレ。見て見ぬふりをしている母親の姿がまたなんとも哀れで……。やられている間は、自分をなんだか変に俯瞰していて、あ、いま焼かれてるなって感じで。それがすごく悲しくて、むなしくて……」

そう言うと彼はコーヒーを一口すすった。いつも通り、微笑みをたたえているワタナベくん。でも今日は、振り絞るように言葉を紡いでいる。

「父は、生活保護なんて恥さらしだ！　許さん！　って、すごかったんですよ。こんなこと思ったのは生まれて初めてだったんですけど、本気で殺されるかと思いました。でも、それと同時に、なんかいっそ、このまま殺されたほうがラクなんじゃないかって思ったんです。父の怒鳴り声を聞いた近所の人が警察に通報してくれて、お巡りさんがやってきて暴力はやんだのですが、お巡りさんも別に何かしてくれるわけでもなくて。でも、以前からそうだったんですよ。警察が来ても、父はシツケだって言うので」

彼と別れてからちょうど2週間。こんなことになっているとは思ってもみなかった。P区のフクシを出てから、特にUさんからも彼からも連絡をもらっていなかったので、てっきり万事うまくいったのだと思い込んでいた。翌日にでも扶養照会について、きちんとUさんに確認をとっておくべきだった。

「なんて言うか、本当にごめん。扶養照会を止められなかったのは、僕の責任でもあると思う。ワタナベくんはこれからどうする？　いまのおうちにいるのは正直、すごく危険だと思うけれど」

「はい、そうですね。危険です。いつまた父が爆発するかわからないし。早く家を出たくて仕方がない。でも、逃げ出すあてもないし、また実家に連れ戻されるなら東京に出ても一緒だし……」

　暴力から緊急的に避難することは制度的には可能だ。まず命の安全が第一だし、実家のある自治体や仙台市に助けを求めることもできる。

　それに、家を飛び出して、東京なりどこか別の自治体で前回同様、生活保護の申請をすることだってできる。もちろんその際は、今度こそ、断固として扶養照会を止めなければならないが。

「大丈夫。そんな危険なところに、無理している必要はないから。逃げるための、そして逃げたあとに生活を再建するための……ワタナベくんが生きていくための制度は、ちゃんとあるから。仙台でこうしてまた会えたのも、きっと何かの縁だよ。ワタナベくん言ったよね、新しい人生をはじめるって。まだ間に合う、大丈夫だから」

　彼は一瞬ためらうかのような表情を見せたが、それはすぐに消えた。そして、はっきりと答えた。

「わかりました。僕、家を出る準備をします」

　そのあと、公的機関の連絡先を教えるなど、少し打ち合わせをしてワタナベくんと別れた。扶養義務、シツケ、恥さらし、殺されたほうがラク、タバコの痕、紫色のアザ、能面のような表情。

家族って、なんだろう……。東京への帰路につきながら、ずっと考えていた。

彼の微笑みの陰にあった家族というしがらみ。もしかしたら、彼がいつもヘラヘラしていたのは、そうでもしなければ、その現実に向き合いきれなかったからなのかもしれない。

東京に着くと、季節外れの冷たい雨が降っていた。

*

6月、ワタナベくんは無事に実家を出て、2度目の上京を果たした。なんでも高校時代の同級生が期間限定の被災地での交通誘導の仕事を紹介してくれたようで、実家を出て住み込みとして働くことになったそうだ。彼はそこで貯めたお金で、東京の安いゲストハウスを借りて移り住むことにしたという。

だが、実家に戻っていた数日間の間に彼の不眠は悪化した。交通誘導の仕事は夜間がメインだったためになんとか勤めあげられたが、無理がたたってか上京してすぐに肺炎で倒れ、結局、1か月も経たずに再度、生活保護の申請をおこなうことになった。くしくも、向かったのは前回と同じP区。そして担当者はUさんだった。でも、根性焼きをされた彼の左腕を見て、Uさんは涙を流しながら扶養照会をかけたことを謝罪していた。

もちろん今回は扶養照会はされず、すぐに生活保護の決定が下りて、ワタナベくんは無事にアパートを借りることができた。仕事のほうは相変わらずで、決まっては辞め、決まっては辞めを繰り返し、就労支援の職員の頭を悩ませているという。微笑みをかかさないイケメンっぷりは変わらないが、ヘラヘラしたところを直さないと、ちゃんとした仕事は見つからない気もする。

ひさしぶりに彼から来たメールは、「彼女ができたので同棲したい」というノロケ話だった。なんだかなあ、と思うが、なぜか許せてしまうからイケメンは得だし、ちょっとムカつく……。

ワタナベくんは、いまも東京で暮らしているはずだ。

ヘラヘラと笑いながら、スマホで僕のTwitterをチェックしていることだろう。彼が仕事を見つけて生活保護でなくなったのか、まだ生活保護を利用しているのかは、連絡がないのでわからない。

彼はなんの変哲もない若者で、おしゃれで、将来のことに悩みがあって、サッカーと可愛い女の子が大好きな、普通のイケメンくんだ。でも、左腕には決して消えることのない傷痕がある。

時間はかかるかもしれないが、彼の新しい人生は、まだはじまったばかりだ。

＊9―実務上はこのような扱いが蔓延しているが、「生活保護法による保護の実施要領について」や「生活保護手帳　別冊問答集」（厚労省から発出された「生活保護問答集について」を実務で使いやすいよう再編集したもの）でも、「扶養の期待可能性がない場合」（例えば、20年以上音信不通、未成年者、概ね70歳以上の高齢者、家庭の主婦など）は扶養照会しなくていいとされている。

Column６　頑張って働けばなんとかなるの？

近年、日本では「非正規労働者」が急増しています。総務省「労働力調査」によれば、１９８４年には15・３％だった非正規労働者が２０１８年には37・９％と急増しており、働く人の３人に１人以上が非正規労働をしているということになります。このなかには、主婦のパート労働や学生のアルバイトなどの「家計補助」的な働き方も含まれますが、一家の大黒柱としての「家計維持」的な働き方としても、非正規労働が一般化している傾向があります。

非正規労働者とは、正社員ではない人たち全般を表します。契約社員・派遣社員・アルバイト・パートなど、期間の定めがあったり臨時的な仕事だったりと、雇う側からしたら需要や収益の状況に合わせて調整できるという利点があり、バブル崩壊以降、日本でも一般的な雇用形態として定着しました。

一方、非正規労働は正規労働と比べて、「雇用が不安定」「給料が安い」「福利厚生がうすい」といった特徴があります。いったん非正規雇用で雇われると正規雇用になるのが難しく、雇用の不安定化と低所得化が固定化されてしまうという問題もあります。

　実際、非正規労働者の増加の影響を受けて、近年、低所得者が増加しています。国税庁の民間給与実態統計調査によれば、年収200万円以下の人は2013年で1120万人。これは働く人の24・1%、東京都の人口とあまり変わらない数です。00年には18・4%であったことを考えると、この10年間で約6%の上昇。数にしたら300万人程度の人が新たに年収200万円以下の状態に転落したのだと言えるのかもしれません。

非正規労働者の割合

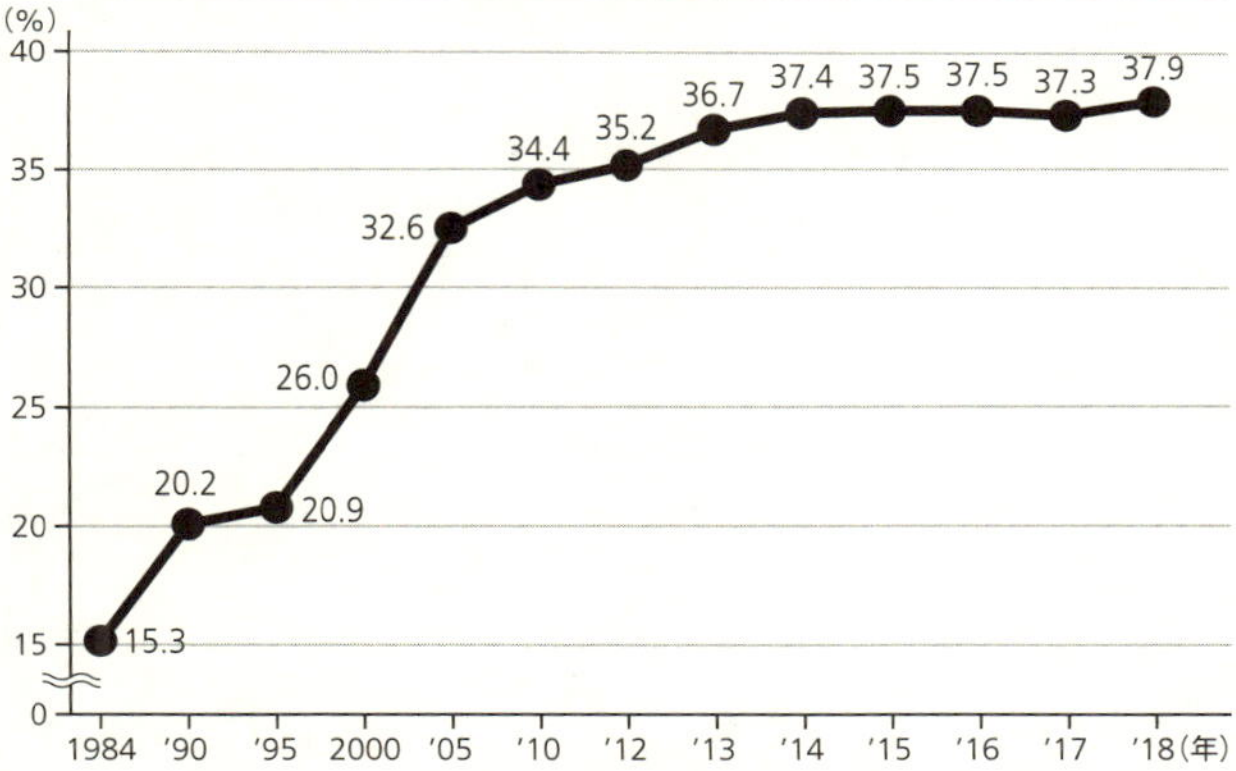

総務省「労働力調査特別調査」、「労働力調査」より作成

雇用形態別賃金カーブ(月給ベース)

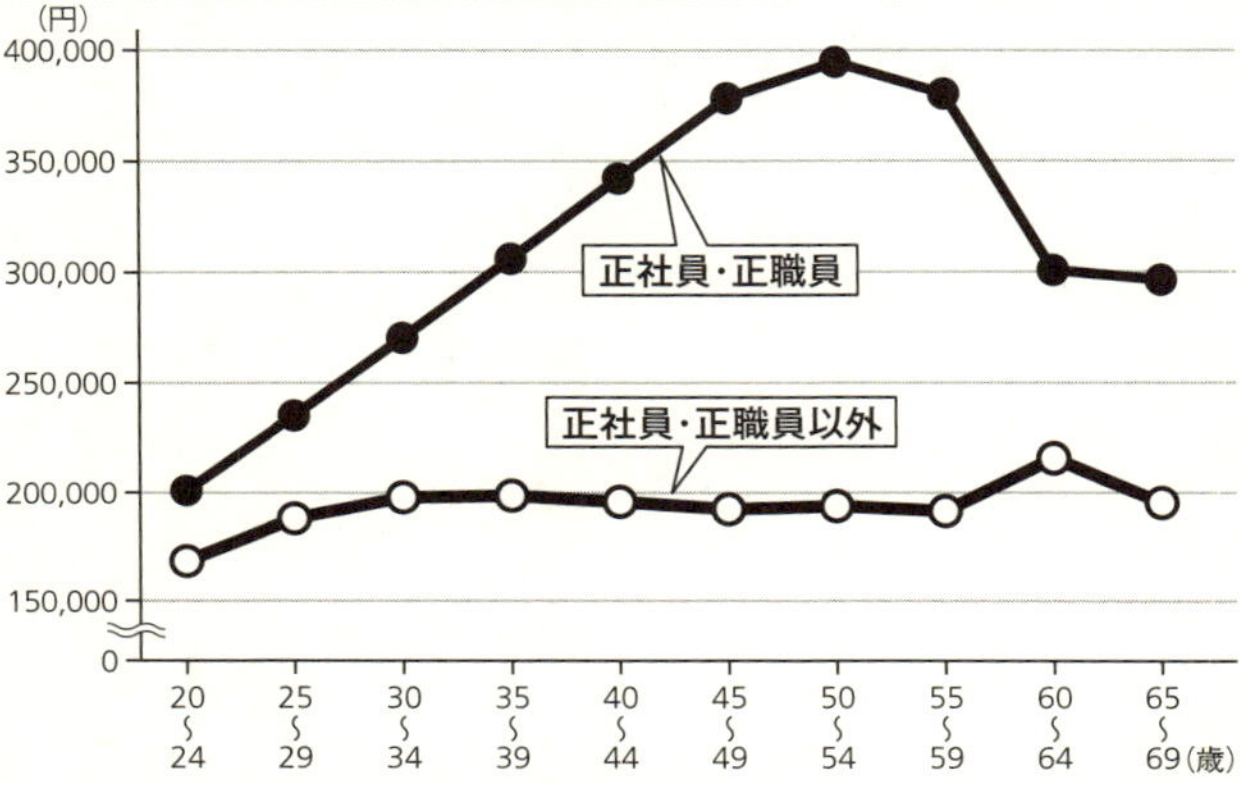

厚労省「平成25年 賃金構造基本統計調査(全国)結果の概況」より作成

第7章　アパートとネコ

遠くかすかにセミの声が聞こえる。じりじりと初夏の日差しが肌を焼きつけ、身体は熱を帯びる。もうかれこれ30分ほど歩いただろうか。日陰もなにもない河原の歩道を、生い茂る草をかきわけ進む。目を凝らすと、向こう岸のグラウンドでは白球を追いかける少年たちの姿がおぼろげに見える。

「げっ……」

危うくまた犬の糞を踏みそうになった。このあたりは散歩コースなのかトラップが多い。先ほどは買ったばかりのスニーカーをダメにするところだった。マナーの悪い飼い主が多くて困る。実家の庭もよく近所の犬に荒らされ、芝桜が全滅させられたことを思い出す。

慢性的な運動不足からか、じっとりと汗ばんできた。いったい、いつになったら目的地に着くのだろうか……。ふと顔をあげる。目印の鉄橋が見えてきた。郊外へ向かう特急列車が、橋げたを軋ませながら通過していく。いまから会う男性は、この橋の下にテントを張って生活しているという。数分おきに真上を電車が通り過ぎていくというのはどんな気持ちなのだろう。

そんなことを考えていると、こちらに近づいてくる男性の姿が見えた。

「こんにちは。待ってましたよ。遅かったから心配しました」

　真っ黒に日焼けしたこの男性が今回の相談者。名前はサイトウさんという。

「ニャーオ」――視線を落とすと、2匹のネコが僕の足元にぶつかってきた。茶色と黒の雉虎《きじとら》柄と、白と黒のまだら柄。甘えているのかと思い、頭をなでようとしたら軽快なネコパンチを食らった。

「こら。トラコにミドリ、お客さんだからやめなさい」

　サイトウさんがたしなめると、2匹は怒られたのがわかったのか、じゃれながら草むらに飛び込んでいった。トラコにミドリ、なんとも言えないネーミングだ。

「失礼しました。あそこです。あれが私の家です」

　サイトウさんが指さす方向を見ると、キャンプ用の大きなテントとブルーシートが張られた一角が見えた。

＊

　2011年7月。Y川の河川敷。僕は河原のテントに招待されていたのだ。

「うわっ、すごいですねえ……」

テントに入った瞬間、思わず感嘆してしまった。想像以上に広い。5〜6人は入れそうだ。

奥には手づくりだろうか、材木でつくられたベッドが見える。サイトウさんはカセットコンロでお湯を沸かし、僕にコーヒーを出してくれたところだ。一口すすってみるが、某ファストフードチェーンのものよりずっとうまい。

「コーヒー、おいしいでしょう。これだけはこだわっていまして。駅前の喫茶店のマスターがいつも差し入れしてくれるんですよ。なんでも自家製のブレンドらしくて。そこいらの豆とは香りが違うんです」

「あ、はい。すごく、おいしいです……」

おいしいのもそうなのだが、それよりも、ここの充実具合はなんなのだろう。このテント自体、僕の住んでいるボロアパートよりも広いかもしれない。それに、人通りの少ない河原だ。隣人の生活音が聞こえることだってないだろう。電化製品こそほとんど目に入らないが、多くの家具や調理器具は自前でしつらえたもののようで、角材やベニヤなどの廃材をうまく活用した、さながらウッドデッキのようなスペースすらある。テントの入り口にはカラフルなパラソルが立てられていたし、ここはプチリゾートかって思ってしまうくらいだ。

「サイトウさん、なんだかすごいですね。生活のクオリティが高いというか……」

ふふふ、とサイトウさんは満足気に笑った。

「僕ね、昔からアウトドアが趣味だったんです。学生時代なんかしょっちゅうバーベキューをしていましたし、山登りも好きだったんですよ。だから、こういう生活も平気といいますか。おにぎりとかを差し入れしてくれる親切な人もいるし、ここでの生活はそこまで苦じゃないんですよ」

トントンと、サイトウさんは小さなランタンを指でつつきながら続けた。

「生活に不便はありません。ただ、困るのは電気ですね。夜になるとここは真っ暗ですから。橋のところに電灯があるにはあるのですが、それでもやっぱり暗いです。一応、ケータイも持っているのですが、ここだと充電できないし、緊急時用の懐中電灯を無駄にするわけにはいきません。ガスはカセットコンロでなんとかできるにしても、電気がないのはどうしようもないですね。冬、寒い時は本当につらかった……。ネコと一緒にくっついて眠りましたよ。まさかここでたき火をするわけにはいかなかったので」

サイトウさんは、この河原に10か月ほど住んでいるという。たまに日雇いの仕事を携帯で探して小銭を稼ぎ、近所の人に支えられながらネコと一緒に生活している。一見、河原での自由気ままな暮らしを実現しているようだが、どうして相談をしたいだなんて連絡をよこしたのだろうか。

「サイトウさん、本題に入りましょうか。今日はツチヤさんからの紹介でここに来ました。何かお困りごとがあるそうですが、テント生活を離れて生活保護をご希望、ということでしょうか？」

サイトウさんを紹介してくれたツチヤさんは、僕が以前、生活保護の申請をお手伝いした人だ。公園や駅、河原を転々としていたが、数か月前にアパートへの入居が決まった。ツチヤさんは自分の生活が安定してからは、路上で暮らすかつての仲間へ声かけをしたり、支援団体を紹介したり、役所に同行するなどの活動をおこなっている。

「そうなんです。ただ、希望というかなんというか……実は最近、ある事件が起こりまして」

「事件、ですか？」

　サイトウさんの表情が少しこわばる。

「ええ。ここから1時間くらい上流に行ったところに、あるホームレスのおじさんがいましてね。彼もそこで寝泊まりしているんですがね、最近、襲撃されたんですよ」

「えっ、襲撃？」

「はい、若者グループに……。度が過ぎたいやがらせですよ。1か月くらい前にね、テントを焼かれてしまったんです。幸いにもケガはなかったんですが、ここに来たての頃にいろいろ面倒を見てくれた人だったし、かなりショックでした。そして2週間くらい前、今度は20分くらい下流に行ったところの小屋で暮らしているおじさんのところにロケット花火が撃ち込まれたんです。なんというか、次は自分なんじゃないかと思うと気が気ではなくて……」

　若者が河原のホームレスのおじさんたちを襲撃している？　にわかには信じがたいが、サイトウさんの表情を見る限り、嘘を言っているようには思えない。*10

「もちろん、勝手に小屋やテントを立ててここで生活している私たちが悪いんです。違法なことだとわかっています。でも、みんないろいろあって、ここで踏ん張って生活しているんです。それに、襲われたおじさんに話を聞いたら言うわけですよ。『ホームレスの俺らを襲うなんて、あの子たちもつらいんだろう。よっぽどかわいそうだ』って。私、それを聞いていたら涙が出てきちゃって……。とてもじゃないけど、私にはそんな風には思えません。河原にとどまり続けるのが危ないなら、なんとか支援を受けることはできないのかなって。だから今回ツチヤくんに相談してみたんです」

ホームレスを襲撃する若者に、そんな若者の心の闇に同情するホームレスのおじさん。なんだろう、胸が痛む……。

「ミャーオ」

その時、1匹のネコがテントに入ってきた。トラコでもミドリでもない、真っ白で毛並みのきれいな大きなネコ。僕のほうを一瞥したかと思うと、特に警戒するわけでもなく、ドカッと座布団の上に寝転んだ。

「なんだ。シロ、帰ったのか」

サイトウさんはそう言うと、ニボシらしきものを載せた小皿をシロと呼ばれたネコの前にうやうやしく差し出した。シロはかまわず毛づくろいをはじめている。

沈んでいた空気が少しやわらいだ。

「この子はシロ。トラコとミドリの父親なんですよ。母親はここに来て数日で亡くなってしまいまして。シロはオスなのに子どもの面倒もちゃんと見るし、ケンカも強いからこのあたりのドンになったみたいで。愛想はよくないんですが、二人きりの時は甘えてくるんです。可愛いもんですよ」

サイトウさんは、シロの頭をまるでわが子のように愛おしそうになでている。

「ちょうどいいところにシロが帰ってきましたね。それでね、大西さん。実は、困っているのは、この子たちのことなんですよ……」

＊

サイトウさんは東京出身で、いわゆる氷河期世代にあたる。和製ジョージ・クルーニーのような顔で、深く刻まれたしわのせいか、とても40代には見えない。

実家はいまテントを張っているY川に程近いW区で、小さな町工場を営んでいたという。父親は経営者と言えば聞こえはいいが、暮らし向きは決してよくなかった。それでも、サイトウさん自身は大学こそ中退したものの、ＩＴ系の会社に入り真面目に働いていた。

しかし7年前、父親がガンで倒れ、家業をたたまざるを得なくなった。これが彼の転機となった。父親が亡くなると、これまでの看病疲れがたたったのか母親も身体を壊してしまった。サイトウさんは、母親の介護のために仕事を辞めることにした。

母親との二人暮らしはしばらく続いたが、3年前、ついに母親も他界し、天涯孤独の身となった。シロと出会ったのは、母親を看取ってすぐのこと。家の前のゴミ捨て場で、小さな段ボールに入れられている捨てネコを見つけ、思わず家に連れて帰ったそうだ。

「シロとの出会いは運命でした。なんていうか、目が合った瞬間にわかったんです」

残された両親名義の借金を実家の土地を売ることで相殺すると、なんとか見つけた住み込みの新聞配達の仕事で食いつないだ。販売所の社長が亡くなった父親と古くからの知り合いだったので、近所にペット可のアパートを借りて住まわせてくれたそうだ。1年後にはトラコとミドリも生まれ、当時はまだ生きていた母ネコのミイコも入れて、一人と4匹で仲良く暮らしていた。経済的な豊かさからは程遠いけれど、幸せな生活。

しかし、それも長くは続かなかった。

「最初は、あれ、なんか身体の右側が痺れるな、って感じだったんです。でも気づいたらだんだん動けなくなって。配達中だったから急いでバイクを路肩に止めて。でも、そうしたら、もうそこでまったく動かなくなったんです」

２０１０年の夏、サイトウさんは新聞配達中に脳梗塞を発症し、救急搬送された。かろうじて一命は取り留めたものの、入院とリハビリの日々が続いた。幸いにも後遺症はほとんどなく、無事に退院することができた。しかし、2年と少しの間休みなく働き続けた会社に、彼の居場所はもう残っていなかった。

ネコたちのことは入院中、大家さんが代わりに面倒を見てくれていたのだが、仕事がなければ家賃を払うことはできない。こうしてその年の秋、サイトウさんと4匹のネコは、逃げるようにY川の河川敷に身を寄せることになったのだった。

＊

「最初は、本当にどうしていいかわかりませんでした。家財道具も全部処分してしまったし、行くあてもないし。一時は死ぬことも考えました。でも、シロやこの子たちのことを思うと死にきれなくて……」

シロは毛づくろいを終えたようで、食事に取り掛かろうとしているところだ。

「私はこの近くで育ったから、河川敷にホームレスの人たちが住んでいるのは知っていました。まさか、自分がここに身を寄せることになるとは思いもしませんでしたが、恥ずかしながら、気づいたらここに来ていたんです。なけなしのお金をはたいてテントや必要なものを買って、あとは廃材を拾って。とにかく生きるのに必死でした。一日一日が、本当に生きるか死ぬかなんです。しかも、自分だけでなくこいつらのご飯も用意しないといけないから……」

サイトウさんは少し熱っぽく言葉を紡いでいたが、ふと、シロのほうに目をやると、急に穏やかな口調になった。

「でもね、おかしな話なんですが、ここでの暮らしはもちろんつらいんですが、なんていうんだろう。これまでの人生で、いまがいちばん充実している気がするんです。いま生きていることを実感できているといいますか。だからこそ、本当に怖いんです。いつこのテントが襲われるか、シロやこの子たちが傷つくことにならないか、怖くて仕方がないんです……」

「ニャーオ」――気づけば、トラコとミドリもいつの間にかテントに入ってきていた。シロと一緒にご飯を食べる時間のようだ。

「これまで、支援を受けようと思ったことはなかったんですか？」

僕が尋ねると、サイトウさんは複雑な表情を浮かべた。

「もちろん、これまでに何度も支援を受けようと思いました。それにね、河川を管理している行政の人が定期的に見回りに来るんですよ。ここは寝泊まりする場所じゃないから出ていってほしいと、そのたびに注意されます。それに、W区の福祉課の人も定期的に様子を見に来るんですよ。彼らにも、可能なら支援を受けたいと話してはいるのですが」

「え、ちょっと待ってください。フクシの人に支援を受けたいって話しているのですか？」

つまりサイトウさんは、支援を受けたいと伝えているのに支援を受けることができていないということ？　もしフクシが申請を不当に受けつけていないのだとしたら問題だ。

「そうなんです。福祉課の人とは何度も話しています。でも、私のような住居がない人はいったんシェルターと呼ばれる施設に入らないといけないそうで。でもそうなると、シロやこいつらを連れていけません。Ｗ区の人も考えてくれたのですが、ペット可の施設なんてないし、一緒には難しいと……。私だけならいつでも大丈夫だと言ってくれているんですがね……」

なるほど、事情が見えてきた。ペット可能なシェルター（施設）なんて、全国的にもそうそう見つからないはずだ。サイトウさんのようなペット同伴の人はまれだし、Ｗ区の担当者も、どうやってネコたちと一緒に保護すればいいのかわからないのかもしれない。

ホームレス状態の人が生活保護の申請をおこなった時、多くの場合はフクシのほうで一時的に宿泊できる施設や宿泊所を確保することになる。でも、個室や環境のいい施設というのは圧倒的に少ない。これが、都内のホームレスの人たちを支援につなげる際の大きな阻害要因となっている。

もちろん、屋根があって雨露をしのげるだけマシだろう、という声があるのもわかる。でも、実際に自分が20人部屋の施設に、それも夜になると南京虫が這い出てくるような施設に入れられるとなったら……とてもじゃないが、僕には耐えられない。

2010年夏のサトウさんの一件があったあと、僕は彼が入れられたという施設に足を運んでみた。これは実際にその部屋を見たことがない人でないとわからない感覚かもしれないが、路上のほうがマシ、というのはあながちオーバーな表現ではないと思った。

とはいえ、多くの人がそういった施設の実態については知らないし、もちろんフクシの人だって実際にそういった施設に宿泊したことはない。だからこそ、そういった環境が当たり前の現状において、ネコと一緒に住みたいというサイトウさんの要望がいささか贅沢に聞こえるのも無理はない。フクシでの対応が厳しくなるのも、ある意味では仕方のないことなのかもしれない。

「サイトウさん、ネコと一緒に、というのはやっぱり難しいと思います。まずはお一人で生活保護の申請をしてみませんか？　ネコたちは僕も手伝うので、交代でご飯をあげに来るとか……」

「それも考えました。W区の人からも、同じようなことを何度も勧められました。でも、それはこの子たちと離れ離れになることを意味します。何度も考えたのですが、それだけはダメなんです。こいつらは、私にとって唯一の家族なんです。家族がバラバラになることだけは、耐えられません」

家族――その言葉は、あながち誇張や極端な表現ではないのだろう。

彼にとって、シロとトラコとミドリは、生きている理由ですらあるのかもしれない。贅沢な要求かもしれないけれど、それがサイトウさんの譲れない条件であるなら、できる限りのことをするしかない。

「わかりました。では一度、一緒にフクシに行ってみましょう。僕に考えがありますから。うまくいくかわからないけれど、サイトウさんとこの子たちがバラバラにならないで済む方法をW区に提案してみましょう」

「ほ、本当ですか⁉」

サイトウさんの表情がパッと明るくなる。僕は無言でうなずき微笑んだ。そして内心、考えていた。さて、どうしたものか。

とりあえず、待ち合わせの日時だけ決めて、テントをあとにした。その時、ふと視線を感じた。振り返ってみると、シロがじっとこちらを見つめていた。

「兄ちゃん、頼むぜ」

　そんな風に言われた、ような気がした。

*

「いや、ですから！　サイトウさんは住所不定の状態なわけです。いったん施設に入ってもらわないといけないんです。いきなりアパートなんてもってのほかですし、テント生活をしたまま生活保護を受給させるなんてこと、できるわけがありません！」

　Y川の河川敷のテントでのやりとりから2日後。

　W区役所の生活福祉課での交渉は、案の定難航していた。相談員のSさんは40代くらいの女性。先ほどからずっとヒステリックな金切り声をあげていて、鼓膜がビリビリする。

「Sさん、おっしゃっていることはわかります。もちろん、住所不定状態からの申請なので、施設や宿泊所に入所するのが一般的でしょう。でも、サイトウさんの場合、

3匹のネコがいるんです。家族同然のネコが。無理を言っているのは重々承知です。でも、本当になんとかならないのでしょうか……」

W区のフクシに来てから、もうかれこれ3時間ほどが経過していた。Sさんも、もううんざりと言わんばかりだ。

「Sさんは、サイトウさんが生活保護を利用するように、何度も河川敷に足を運んでくれていましたね。サイトウさんがネコたちのために施設に入れないことはすでにご存じのはずです。彼を彼が求める必要な支援につなげるために、ご尽力いただけないでしょうか？」

「サイトウさん、それに大西さん、おっしゃりたいことはわかりますよ。ですがね、うちのルールとして、住所不定の方にはまずは施設に入ってもらうことになっているんですよ。だからこそ『ネコと一緒じゃなければいつでも用意できます』とお伝えしてきたんじゃないですか。このルールは変えられません！」

Sさんはしきりに「ルール」だと繰り返す。

穏便に交渉を進めようと思って控えめにしてきたが、ここまで平行線が続くとは……。確かに、ネコと一緒にというのは難しい要望だ。とはいえ、逆に言えば、このネコさえどうにかなればサイトウさんは必要とする支援につながることができる。フクシの人がもう一歩踏み込むことで、やれることは広がるはずなのだ。

そもそも、この「ホームレス状態の人はいったん施設に入らないといけない」というルールは、あくまで都内を中心とする自治体でおこなわれている「特殊なルール」にすぎない。

生活保護法第30条では、次のように規定されている。

「生活扶助は、被保護者の居宅において行うものとする」

「居宅」、つまり「アパートなどの自分の独立した住居」での生活が基本的な前提となっているのだ。しかし、この第30条にはただし書きがある。

「ただし、これによることができないとき、これによっては保護の目的を達しがたいとき、又は被保護者が希望したときは、被保護者を救護施設、更生施設若しくはその他の適当な施設に入所させ、若しくはこれらの施設に入所を委託し、又は私人の家庭に養護を委託して行うことができる」

そして、このただし書きのただし書きのようなものが同条2項だ。

「前項ただし書の規定は、被保護者の意に反して、入所又は養護を強制することができるものと解釈してはならない」

要するに、生活保護はアパートなどの「居宅」での保護が基本で、施設などへの入所を本人の意思に反して強制してはいけないのだ。

施設に入所するのはあくまで施設入所がやむを得ない人で、たとえば、病気や障がいなどによりアパート生活が難しい人や、すぐにアパートが見つからず、見つかるまでのつなぎとなる場所を必要とする人などが、そこでは想定されている。

しかし、実際に都内では（全国でも）、ホームレス状態の人が生活保護の申請に行くと、「施設に入らないと保護を受けられない」というような運用がおこなわれている現実がある。そういうわけで、Sさんが言うルールとは、あくまで慣習にすぎないのだ。

とはいえ、生活保護を受けながらテント生活を送るというのも難しい。なぜなら、「生活扶助は、被保護者の居宅において行うもの」だから。

河川敷を「居宅」と呼ぶのにはちょっと無理があるだろう……。

「Sさん、先ほどからルール、ルールと言っていますが、自治体によっては『直アパ』をやっているところもありますよね？　もちろんW区ですべての人に『直アパ』をしてくれとは言いません。W区がルールとして施設入所を強制しているのであればそれはそれで問題ですが、今日はそのことを争いたいわけではありません。サイトウさんを保護につなげるために、柔軟な対応をお願いしたいだけなんです」

これが、今回の切り札だった。「直アパ」、すなわち施設や宿泊所を経由せずに、いきなりアパートを借りることができるようにしてもらうこと。

住所不定の人の生活保護の申請の際に、申請から決定までの間（法律上は原則14日以内、最長30日以内）に自分でアパートを探してもらい、生活保護の決定と同時にアパートに入居してもらうという方法だ。この場合、アパートの入居費用も自治体が出すことになっている。

実際、地方などではホームレスの人が少ないため、受け皿となる施設や宿泊所自体がほとんどない。だからこそ、このような直アパで対応することも多く、自治体によっては積極的に推進しているところもある。

とは言っても、都内で直アパなんてほとんど聞いたことがないのだが……。

「えっ……大西さん、直アパですか？　そ、それはさすがに無理ですよ、いくらなんでも。それこそサイトウさんにアパート生活ができるかどうかをちゃんと見極めないと、アパートの費用だって出せませんよ。金銭管理、健康管理、家事・家庭管理、安全管理、身だしなみや対人関係など、厚労省がつくっている目安がありますから。それらを見極めてからでないと判断できないのは、大西さんだってご存じでしょう？」

そう、アパート生活が可能かどうかには判断基準が設けられている。もちろんそれも織り込み済みだ。

「Sさん、承知のうえです。ですから、今日は生活保護の申請書と一緒に一時金の申請書も持ってきました。アパート生活が可能かどうかは、今日から14日、最長でも30日以内に、W区として判断していただければと思います。サイトウさんとここに来るまでに話していたのですが、金銭管理ができるかどうか、安全管理ができるかどうかなど、どんなことでも協力するそうです」

一時金の申請。つまり、生活保護の申請と同時にアパートの初期費用の申請もすることだ。可否はW区が判断することだが、却下する場合、W区は却下の理由を明示しなければならない。

申請が認められるか却下されるかは正直わからない。でも、「施設に入れるか入れないか」ではなく、もう一歩先の「アパート生活が可能かどうか」を判断してもらうことにしたわけだ。そして、そのためには当然W区の、担当者であるSさんの協力が不可欠でもある。

これは、賭けだ。でも、勝算はゼロではない。法律上は認められていることなのだから。

「……わかりました。ですが、私の一存では決められません。サイトウさんを保護したいというのはW区としても常々考えていたことではあります。脳梗塞の後遺症のリハビリもちゃんとできていませんし。上司と相談してくるので、少しお待ちください」

Sさんはそう言うと、ゆっくりと立ち上がった。すると、ずっと黙っていたサイトウさんが急に立ち上がった。

「Sさん！　どうか、よろしくお願いします！　シロとトラコとミドリと離れたくないんです！　本当に、よろしくお願いします！」

深々と頭を下げるサイトウさんを見て、Sさんの顔が少しほころんだ。

「サイトウさん、なんとかしたいのは私も同じですよ。大西さんが言っていることもわかります。ただ、うちでできるかどうかは、本当になんとも……。でも、私としても力を尽くしてみますから」

サイトウさんいわく、Sさんは無類のネコ好きだそうだ。サイトウさんのテントを訪れる際には、必ずネコたちにお土産を持ってきてくれたという。

Sさんならきっとなんとかしてくれる。

あとは、祈るのみだった。

＊

その後、30分ほどしてSさんは上司のA係長と一緒に相談ブースに戻ってきた。「直アパ」はW区としても前代未聞だが、検討だけはしてもらえることになったようだ。その代わり、サイトウさんには3つの条件が与えられた。

1. 金銭管理の能力を見るために1円単位で買い物の記録をとること
2. 生活の様子を見るためにテントのなかを見学させること
3. 30日以内に生活保護の基準以内の家賃でペット入居が可能なアパートを探してくること

W区も、かねてよりサイトウさんのテント生活を心配していたし、なんとか支援につなげたいという思いが強かったのだろう。あとで聞いた話だが、Sさんも相当にプッシュしてくれたらしい。

毎日家計簿をつけることも、SさんやA係長がテントを訪問することも問題はなかった。むしろ、サイトウさんの暮らしぶりには感嘆させられることだろう。

でも、問題はアパート探しだった。生活保護の基準以内の家賃といった時、都内での上限額は単身で53700円である。共同トイレ・風呂なし物件ならいくらでも見つかるかもしれないが、相場の高い東京で、この53700円以下の物件を探すことは、それ自体とても大変なことだ。

しかも、サイトウさんは事実上無職。門前払いをくらうことも少なくない。もちろん、生活保護ウェルカムな業者もあるが、悪質な業者につかまって劣悪なアパートに入居させられても意味がない。[*11] W区は都内でも家賃相場が低い地域であったが、条件に見合うアパート探しは難航した。

「サイトウさん、ペット可のアパート、なかなか見つかりませんね……」

「大西さん、大丈夫です。必ず見つかりますから。さあ、次の不動産屋さんをあたりましょう！」

アパート探しをはじめて早2週間。

W区との約束の期日が近づき焦る僕を尻目に、サイトウさんはとてもいきいきしていて、逆に僕が励まされたくらいだった。3匹のネコと一緒に新しい人生の再スタートを切る。彼の瞳は、その未来だけを見据えていた。

そして、サイトウさんに引きずられるようにして不動産屋さんをまわること15軒目。

「あ、ありがとうございます！　大西さん、やった！　やりました！」

ついに、ペット可の物件が見つかった！　家賃51000円。

大家さんがネコ好きらしく、敷金を少し多く積めばネコを飼ってもいいと、便宜を図ってくれたのだ。しかも立地はY川の目と鼻の先。河川敷まで歩いて3分ほどだ。

無事W区の許可も下りて、入居日が決定し、河川敷からの引っ越しにはSさん、A係長とともに、僕も立ち会うことにした。アパートが決まってからは、何もかもがとんとん拍子に進んだ。

やっとつかみとった再スタートのチャンス。サイトウさんも、W区の二人も、僕も、心から喜びをわかち合った。

あとは、サイトウさんの門出を祝うのみだった。

＊

8月の猛暑日。さえぎるものが何もない河川敷で、僕とSさん、A係長は殺人的な日差しにさらされながら、テントの撤去や荷物の片づけを手伝っていた。

今日はアパートへの入居日。この日までにサイトウさんも、必要最小限のもの以外は処分したと言っていたが、いざ当日になると思い入れのある家具も多く、荷物をまとめるのに時間がかかった。

作業が終わったのは夕方になってから。河川敷でホームレス生活をしている仲間に借りた手押し車に荷物を載せ、シロとトラコとミドリを用意しておいたケージに入れ、新居までの道のりを歩く。距離にしてわずか200~300メートル。

感慨深いのか、サイトウさんの目には涙が浮かんでいる。


新しいアパートは2階建ての木造アパートの1階。6畳+キッチンにユニットバス。築年数は古いが、南向きで日当たりもいい。最近リフォームしたらしく、外観も悪くない。

大家さんに挨拶してから、空気を入れ替えるために窓を全開にし、持ってきた荷物をみんなで部屋に運び込んだ。

「サイトウさん。やっとここまでこぎつけましたね。今日がサイトウさんの新しい第一歩です。まずは病院に行って、リハビリをして、具合がよくなったらお仕事探しをしましょうね!」

A係長は、嬉しそうにサイトウさんの肩を叩いている。最初は渋っていたのに、ここにきて自分の手柄だと言わんばかりのほくほく顔だ。

どうやらW区の近隣では、若者によるホームレスの襲撃事件が相次いで起きていたこともあり、河川敷に住むホームレスの人を減らすべく、上司から厳命が下っていたらしい。サイトウさんの一件は、A係長の功績になるのだろう。

「A係長、Sさん、大西さん。本当にありがとうございました。まさか、こいつらと一緒にまたアパート暮らしができるだなんて、思ってもいませんでした……。本当に、本当にありがとうございました。このご恩は決して忘れません。そうだ、早くシロたちを出してあげないとですね……」

サイトウさんは涙ながらにそう言うと、3匹が入った大きなケージのふたを開けた。

「ほら。シロ、トラコ、ミドリ。ここが新しいおうちだよ」

3匹はケージから出ると、しばらくクンクンと部屋のにおいをかぎながら様子をうかがっていた。僕たちは、その様子をあたたかく見守っていた。

すると突然、シロがふっと顔をあげた。

「ミャーオ」

一鳴きしたかと思ったのも束の間、ダダダッと、脱兎のごとく開いていた窓から逃げ出した。そして、そんなシロのあとを追うように、トラコとミドリも猛烈な勢いで窓から飛び出していった。

「お、おい！　シロ！　お前たち！　お〜い、どこに行くんだ！」

サイトウさんの声が思わず裏返る。窓際に駆け寄り、声の限り叫んでいる。

W区の二人と僕は一瞬、何が起きたのかまったく理解できず、立ちすくんでいた。

窓の向こうに目をやる。3匹の姿はもう見えなかった。

「ネコが……逃げた……」

A係長が、ぽつりとつぶやいた。しかし、それに反応する人は誰もいなかった。

ただ、セミの声が部屋にむなしく響いていた。

サイトウさんが生活保護を受けられるという現実に変わりはなかった。アパート入居だってもちろんそうだ。でも、肝心のネコたちがいない。

この2週間の努力は、いったいなんだったのだろう……。

＊

「ニャーオ」

トラコとミドリがのどをゴロゴロさせながら甘えてくる。僕も実家にネコを飼っているから手なずけるのは簡単だ。ほら、知ってるぞ、カツオ節がほしいんだろう。

「いろいろ、すいませんでした……」

サイトウさんが深々と頭を下げる。アパート契約の日から2週間しか経っていないが、ずいぶん老け込んだように見える。サイトウさんは結局、Y川の河川敷に戻ってしまった。

「いいえ、こちらこそ。W区とはどうなりましたか？」

「はい。アパート入居はなしになったんですが、大家さんはいつでも入居しておいでと言ってくれています。Sさんもいつでも大丈夫だと話してくれています。でも……」

サイトウさんは深いため息をついた。ゆっくりと立ち上がるとテントの入り口を開けて外に向かって歩き出す。

「シロが……。シロが帰ってこないんです。どこに行ったのかもわからない。シロも一緒じゃないとダメなんです。これまで一緒にがんばってきたんですから……」

サイトウさんのあとについて、僕もテントの外に出た。遠くの電灯に明かりがついている。虫の声が耳に心地よく、真夏ながらも爽やかな風が吹き抜ける。空を見上げると、東京ではめずらしいくらいのキレイな星空だった。

シロも、どこかでこの星空を眺めているのだろうか。サイトウさんにはサイトウさんの幸せがある。でも、きっとそれは、シロも同じだったのだろう。

「遅くなったから、僕はもう行きますね……」

サイトウさんと2匹のネコに別れを告げると、僕は駅に向かって歩き出した。暗くて表情は見えなかったが、たぶん、サイトウさんは泣いていた。

その後、サイトウさんから連絡はない。彼と3匹のネコたちは幸せに暮らしているだろうか。

僕にはわからないがそう願うばかりだ。

＊10―1983年の「横浜浮浪者殺傷事件」を発端に、現在もホームレス襲撃事件は全国各地で発生して

いる（死亡者が出たケースも少なくない）。都内のホームレス支援団体が２０１４年６月28日から７月14日にかけておこなった「野宿者への襲撃の実態に関する調査」（同年８月14日発表）では、アンケートに回答した都内３４７名のホームレスの人のうち40％が襲撃を受けた経験があり、加害者の38％は子どもや若者だったという結果が報告された。このような現実がある一方で、支援団体の働きかけにより、学校で「ホームレス」について理解を促す授業をおこなった結果、その地区では１年で野宿者への暴力が10分の１に減ったという報告もある。

＊11―同じ家賃上限の５３７００円であっても、風呂やトイレがついた物件から風呂なしトイレ共同の物件まで幅は広い。なかには生活保護利用者の足元を見て、本来はもっと安価な物件なのに上限額ギリギリまで吊り上げて貸そうとする業者もいる。

Column 7　住まいはどうしてたいせつなの？

２０１３〜14年、そして、14〜15年の年末年始に、都内のホームレス支援団体、生活困窮者支援団体等の協力で、「ふとんで年越しプロジェクト」という支援モデルを実施しました（17年までに計４回実施、17〜18年にも小規模でおこなっている）。

13〜14年には約20名、14〜15年には約30名の方に、一時的な緊急シェルターの提供および、医療福祉的な相談支援をおこないました。相談者の概要（14〜15年）としては、女性の相談者は23・1％。年代別では34歳以下が21％、35〜49歳が41％、50〜64歳が21％、65歳以上の人が17％と比較的若年層が多く、平均年齢は47・7歳。最年少は25歳で、最年長は76歳でした。

12年1月におこなわれた「ホームレスの実態に関する全国調査」（厚労省）によれば、野宿者の平均年齢は59・3歳、女性の割合は4・5％とされました。いわゆる「ホームレス」以外の、多様なホームレス状態の人が相談に訪れたことが

「ふとんで年越しプロジェクト」利用者の年齢分布（2014〜15年）

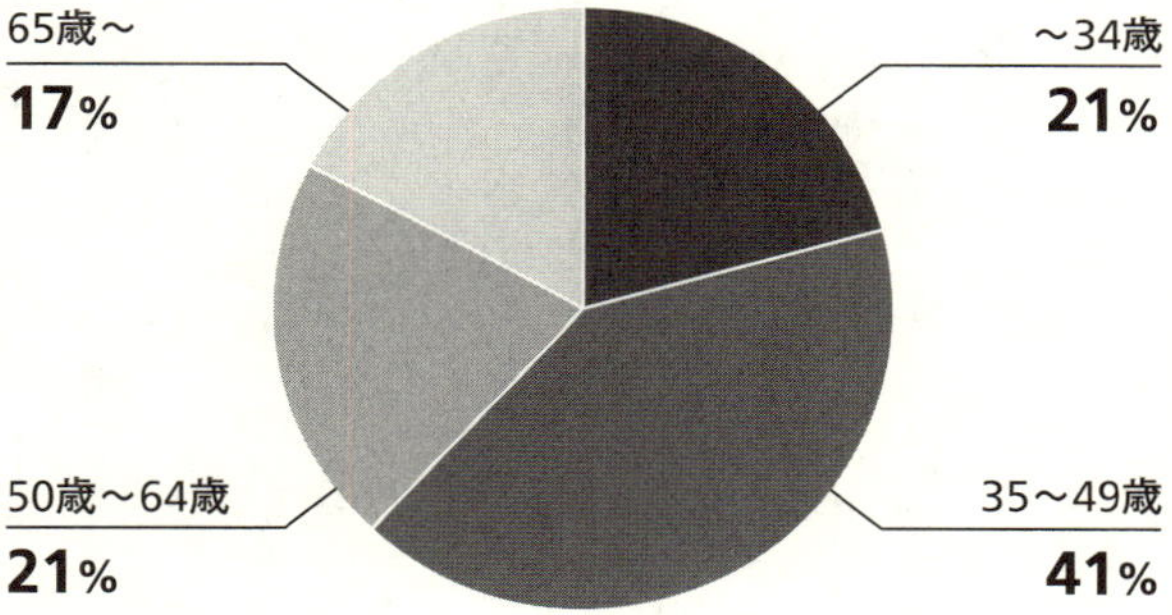

うかがえます。相談者は大きく３つのグループにわかれました。

Ａ群：高齢で持病あり・長期の路上生活・生活保護歴は多いが支援に定着しづらい
Ｂ群：中高年層・日雇い労働などで生計・不安定な就労と住居からの脱出が困難
Ｃ群：若年層・知的あるいは精神障がいあり・家族の援助が困難・公的支援に定着できない

どのグループも総じて体調が悪く、３人に１人が精神疾患をわずらっており、また、複数の疾病や障がいをかかえる人が全体の24%にのぼりました。こういった、医療福祉的な支援を必要としている人が住まいを失い、困窮している状況が明らかになりました。

欧米などで近年すすめられている支援モデルに「ハウジングファースト」というものがあります。今回のプロジェクトはそれを志向しておこなったものなのですが、このモデルの特徴は「まず、きちんとした住居を用意する」ことにあります。完全個室の宿泊場所を用意し、病気や障がいを持っている人が、プライバシーの保護された環境で安心して過ごせることを重視しました。また、医療者などからなる専門家チームの訪問などにより、身体的・精神的な困難さをかかえる人たちが生活を維持できるようなサポート体制を組みました。年末年始の一時的な取り組みで、寄付を募っておこなったものですが、今後、日本でもハウジングファーストモデルを実施できるよう政策提言してく必要があるでしょう。「住まい」は、生活再建の要なのです。

第8章 家族

ブー、ブー、ブー。

iPhoneのバイブで目が覚める。液晶画面を見て、自然とため息がでた。窓の外はまだ真っ暗だ。

「はい、もしもし……」

午前3時の電話で起こされて、機嫌がいい人なんていないだろう。今夜だけならいざ知らず、毎晩これが続いている。それに、彼女と話すのは今夜だけでもうすでに4回目だ。

「あの、夜分遅くにごめんなさい。もう少し、お話できればと思いまして……」

彼女の声はか細く、一晩中ヒップホップを垂れ流している迷惑な階下の住人を持つ身としては、聞き取りづらい。イライラが自然と声ににじみ出てしまう。

「え～と……もうすでに今夜は何回もお話していると思うんですけれど……。これ以上、まだ何か話したいことでもあるんですか？」

つい口調が強くなる。向こうの息遣いから、怯えているのがわかる。

「ご、ごめんなさい……。ご迷惑なのはわかっているんです。でも、不安で眠れなくて……。ちょっとでも声を聞ければと思ってしまって……」

彼女の置かれている状況や不安な気持ちは、もうすでに、いやと言うほど聞いている。大変な環境にいるのはわかっているし、なんとかしたいとも思う。でもこれ以上、僕に何をしろと言うのだろう。

「そうですか。その不安なお気持ち、僕にも伝わっていますよ。でもね、もうこんな時間ですし、僕も明日はアルバイトがありますから、そんなにお話を聞くことはできないんですよ。わかります？　でもそうですね、本当にもう少しだけでいいならつき合いますけど……」

僕の苛立ちは、彼女にも伝わっているはずだ。それでも彼女は、コンタクトをとってくることをやめない。

「あ、ありがとうございます。実は先ほども隣の部屋から音が聞こえて……。もしかしたら、またこの前みたいに……」

……もう勘弁してくれ。心のなかで、再び大きなため息をつく。

この話だって、今夜だけでもう4回目だぞ？

彼女と知り合って約1か月。気づけば毎晩のように電話がかかってくるようになっていた。もはや頼りにされているというより、半ば依存されているんじゃないかと思う。

「あ、アイツがドンドンって、壁を叩いてくるような気がして……。母はもう寝ているし、どうしたらいいのかなって。でも、こうなったのも、そもそもは私が……」


もう、眠りませんか？

彼女に何度伝えたことだろう。僕に電話することで彼女が少しでも楽になってくれているのならまだいい。でも、実際はそうもなっていない。彼女の現状も、「死にたい」という気持ちも、一向に改善する気配がない。

だいたい恋人でも友人でもないのに、深夜にこんな暗い話をし続けるなんて普通じゃない。彼女の1か月の電話代はどれくらいかかっているんだ？　無料通話のアプリを使えばいいのに。でも、そんなこと言ったら余計に際限なく連絡が来るかもしれないから、絶対に言わない。

どうして、こんなことになってしまったのだろう……。

まだ生活保護の申請同行に行きはじめたばかりの頃、ラビちゃんが、自分のプライベートな連絡先を教えると泥沼にはまることがあるよ、とアドバイスをくれたことがあった。

ホームレスのおじさんを相手にしている時は、さほど深刻に受け止めていなかったし、実際に教えてしまった時でも、何度も連絡が来るなんてことはなかった。

でも、今回は違う。ラビちゃんはきっと、このことを言っていたのだろう。僕はこの時まで、他人の人生に関わるということがどういうことなのか、真剣に考えていなかったのかもしれない。

正直に言う。僕は、彼女にうんざりしていた。この出口の見えない堂々巡りの泥沼のなかから、どうやったら這い出ることができるのか。それだけを考えていた。不覚にも、ただそれだけを……。

気づけば、窓の外はもう明るくなりはじめている。

彼女は、電話の向こうで泣いていた。

＊

2011年9月。ある団体がおこなっている電話相談会に、僕はヘルプとして参加していた。

その頃の僕は、新宿中央公園でのホームレス支援の活動や、もやいでの生活相談の手伝いに加え、都内のさまざまな地域にある各団体の相談会にも積極的に参加するようになっていた。

それまでは、路上でホームレス生活をしているおじさんが専門（?）だったのだが、それこそ、「若年ホームレス」や「ネットカフェ難民」と呼ばれるような人たちなど、広い意味でホームレス状態にある人からの相談も多く受けるようになっていた。気分はもういっぱしの支援者気取りだ。バイトそっちのけで、自分の生活を差し置いて、相談活動に打ち込むこともよくあった。

その日はちょうど深夜まで電話相談をおこなう日で、夜中に動ける相談員が不足していたらしく、僕にお声がかかった。深夜の電話相談は初めてだったので、相談会の人からはさまざまな薫陶を受けた。

「今日はありがとうございます。深夜の時間帯の対応をする相談員に、あまり生活保護などに詳しい者がいないので助かります。ただ、大西さんは夜中の対応は初めてだとうかがいました。ご存じかもしれませんが、電話相談は面談と違って匿名での相談が可能です。おうちから出られないような状態の人や、同居人が寝たあとにこっそり電話をしてこられる人など、人間関係に複雑さをかかえていたり、心身の健康状態に難しさを感じているような人からの相談が多くてですね……」

まあ要するに、いつも僕が新宿の路上やもやいでやっている相談とは勝手が違いますよ、ということだ。僕がこれまで受けてきたのは、どちらかと言うと、ご飯を食べられない、住む場所がないという、ある意味わかりやすい問題を解決したいという人からの相談がメインだった。語弊を恐れずに言えば、そういう人たちの相談はシンプルだ。ひざを突き合わせて話を聞いて、必要な情報を聞き出し、一緒に役所に行く。これだけだ。

でも今夜は、家族関係で悩んでいるだとか、病気や障がいがつらいだとか、不安が高まって眠れないだとか、すぐさま事態が好転しないような問題をかかえている人からの相談がほとんど。話をゆっくり聞きつつ、その人を元気づけるような傾聴型の相談が求められると、そういうことだろう。「大丈夫、大丈夫」と、その時の僕は話半分で聞いていた。

「もしもし、〇〇相談会の大西です。こんばんは。今日はいかがされましたか?」

夜中の電話相談は身体的にはきつい。でも、ほかの相談員の人たちと交代できるし、正直、路上や対面で相談を受けるよりも精神的な負担は少ない気がした。ただ、声だけのやりとりになるので、返答や応対には慎重さや丁寧さが求められた。

そして、なんとなく相談のコツがつかめてきた深夜2時頃のこと——。

「こんばんは、〇〇相談会の大西です」

「こんばんは……。あの、ここで相談できるとインターネットで見て電話したんですが……」

そう、この一本の電話が、すべてのはじまりだった。

これが、彼女と僕のファーストコンタクトだった。

*

彼女は、郊外のU区在住で32歳。母親と1歳違いの弟と3人で暮らしている。

母親はパート勤めをしていたが2年前に定年をむかえ、いまは年金を受け取って暮らしている。弟が生まれてすぐ、暴力的だった夫と離婚し、女手ひとつで働きながら2人の子どもを育ててきた。いまは、それまでの疲れもあってか身体を悪くしてしまっている。

弟は10代の頃から精神疾患に悩まされているという。以前は、病院のデイケアや地域の作業所などにも顔を出していたそうなのだが、ここ数年は月に一度の通院をのぞいて、ほとんど家から出ない引きこもりに近い生活をしている。彼は昔から具合が悪くなると自室の壁を蹴ったり床を叩いたり、時には物を投げたり、つかみかかるなどの暴力行為をおこなうことがあったという。

弟が高校を卒業したばかりの頃のこと——。

「ある日、アイツが急にわけのわからないことを言いながら、私につかみかかって首を絞めてきたんです。馬乗りになって。母が止めに入ってくれたんですが、母も突き飛ばされて。結局、近所の人が騒ぎを聞いて止めに入ってくれました。警察沙汰にもなりました」

彼が初めて精神科に入院したのはその時だという。それ以前にも、奇行や奇声をあげたりすることはあったが、この時ばかりは命の危険を感じたそうだ。

「あの事件がきっかけで、家を出ようと決めたんです」


彼女は地元の高校を卒業後、服飾関係の専門学校に通っていた。その後はアパレルメーカーの販売員として無事採用され、U区から離れたG区にアパートを借りて、念願の一人暮らしをはじめたという。決して十分なお給料ではなかったが、年に一度はご褒美に旅行に行くこともできた。

23歳の時には、取引先の男性とおつき合いをはじめ、翌年にはめでたく結婚した。夫の希望で仕事は辞めることになったものの、夫は正社員で給料もよく、将来に対する不安はなかったという。

幸せな新婚生活。夫の仕事は順調だったし、彼女は彼女で夫のために尽くすことに喜びを感じていた。

しかし、幸福だった日常は、本当にささいなことから崩れはじめた。

ある日彼女は、専門学校時代の友人と会うから夜に出かけたい、と夫に相談した。彼はその時、あからさまにいやそうな顔をしたが、その日はしぶしぶ外出を許可してくれたという。しかしそれ以降、夫は彼女の交友関係や外出に関してルールをつくり、過度な束縛をするようになった。

「男の人とは二人きりで会わない」

最初は一つだったルールも、徐々に増えていった。「外出する場合は１か月前までにはどこで誰と会うかなどを詳細に告げ、了解を得なければならない」「スーパーで買い物をする場合は、何をどれだけ買ったのかがわかるように、レシートを提出する」

――こうして、彼女の日常は脅《おびや》かされていった。

「最初は、心配してくれているのかな、くらいにしか思わなかったんです。でも、少しずつ、彼はおかしくなっていきました。最後のほうは、本当に怖かった……」

夫の歪んだ愛情はエスカレートする一方だった。やがて彼女は夫の顔をまともに見ることさえできなくなった。でも、そうしたらそうしたで、今度は「俺の顔を見れないなんて何か隠していることがあるんだろう」と責められることになった。

幸せだった結婚生活は、１年ちょっとで崩壊した。この頃から彼女は不眠と不安神経症に悩まされるようになり、病院にも通うようになった。処方される薬の量は、徐々に増えていった。

「離婚するまでには時間がかかりました。彼のほうが絶対に認めようとしなかったんです。でも、最後は義母、彼のお母さんが間に入ってくれました。結局、26歳でバツイチになったんです」

行くあてもない彼女は、不本意ながらも、実家に帰ることにした。でもその時は、あくまで少しの間、としか考えていなかった。このまま実家にとどまるつもりはなかった。

一人暮らしをするためには手に職をつけなければいけなかったが、再就職先はなかなか見つからなかった。一時、これまでの貯金と夫からの慰謝料をもとにアパートを借りて一人暮らしをしたというが、なんとかありついたスーパーのレジ打ちの仕事だけでは生活ができず、メンタルの具合も悪く、続かなかったという。

一人暮らしはあきらめざるを得なかった。こうして彼女はまた、実家に戻ってきた。でも、その時は、まさかもうこの家から出られなくなるなんて、思いもしなかったという。

「その時は母もまだ働いていたし、具合も悪くはなかったので。もちろん、部屋にこもっているアイツは不気味でしたけれど、出てこないとわかっている以上は安心でした。住んでいるのも都営住宅で家賃も安いし、母と私のパート収入でなんとかなりました。ただ、母が定年退職してから生活が一気に苦しくなって……。だから、一度U区の生活福祉課に相談に行ったんです。少しでも助けてもらえないかと思って」

貯金がすべて尽きた頃、彼女はU区のフクシのドアを叩いた。なんとか生活保護で支援してもらえないかと。そして実際、相談員によれば、彼女のパート収入と母親の年金だけであれば生活保護基準を割っているので、生活保護を受けられるというではないか。

「これで生きていける！」

そう思った。でも、生活保護は下りることはなかったという。

「アイツのせい。アイツの障害年金のせいで、私たちは生活保護を受けられなかった。二人だけならなんとかなったけど、アイツの年金があるから基準を上回ってしまった……」

そう、彼女の弟は障害年金をもらっていた。月額換算で約6万円。家計にとっては大金だ。でも、弟は1円たりともそのお金を家に入れようとはしなかった。自分の口座に貯金しているのか、何かを買うなりしているのか、その使い道はわからなかった。

なんにせよ、それがある限り生活保護を受けるのは絶望的だった。
生活保護法第10条によれば、生活保護には「世帯単位の原則」というものがある。ここで言う「世帯」とは、住民票上の世帯ではなく、居住実態としての「世帯」を指す。要は、同じ住居に生活していれば、生計を一つにしているということで「同一世帯」と認定されるのだ。だがもちろん、この規定にもただし書きがある。

「これによりがたいときは、個人を単位として定めることができる」

これを「世帯分離」というが、同一住居で暮らしながら別世帯として認定され、そのうえで生活保護を受給するというのは、よっぽどの事情がない限り認められない。[*12]例えばだが、友人の家に転がり込んでいる場合でも、もしそこから出ずに住み続けるのであれば、ほとんどの場合、単身での生活保護の利用は認められない。同居やシェアをしているということは、一方が一方に扶養されている可能性を排除しきれないからだ。生活実態を見たうえで、生計を同じくしているということで、「同一世帯」とされてしまうことが多い。

彼女の場合も同様だ。なんだかんだ言って3人が同じ屋根の下で生活をしている。やはり、弟も含めた「3人世帯」として認定されてしまうだろう。そうなると、3人の収入や資産のトータルが生活保護基準以下にならない限り、生活保護の受給はできない。

「本当にショックでした。でも、なんとかしなきゃいけない。だからこそ、勇気を出して母と一緒にアイツの部屋のドアをノックしたんです。年金を家に入れてもらえないかって。これ以上はもう生活できないって。生活保護を使うのも無理だと言われたからって」

ノックすること3回。ドアが開くや否や、彼女は弟に突き飛ばされた。倒れた際に頭を戸棚にぶつけ、割れたガラスで耳の後ろを少し切って流血した。気が動転した母親が救急車を呼ぶと、近所の交番からお巡《まわ》りさんが駆けつけてきて、一時、場は騒然としたという。

でもこの時、彼女の心に浮かんだのは安堵だった。これで弟はまた病院に入れられる、そうしたら母親と二人で安心して暮らしていける。彼女は天井を仰ぎながら、そんなことを思ったという。しかし、弟の入院はあくまで一時的なものだった。弟は自ら服薬管理もできたし、この頃は病状も安定していた。主治医の判断もあって、彼は2週間ほどで家に戻ってきた。

結局、彼女の願いはここでも届かなかった。

「それからなんです。アイツが毎晩、私の部屋の壁を叩くようになったのは……」

彼女の家は2Lで、彼女と弟の部屋は隣接していた。リビングに布団を敷いて寝ている母親と一緒に寝ることも考えたが、部屋の外で弟とはち合わせるのが怖くてできなかった。彼女の不眠と不安神経症はますます悪化した。やがてパートにも行けなくなってしまった。

ただ、退院後に弟から暴力をふるわれたことはないそうだ。でも、壁をドンドンと叩く音、弟が部屋のなかで歩いている音、トイレや食事の際にドアがカチャリと開く音を聞くだけで、生きている心地がしなくなるようになっていた。

彼女の心は、壊れる寸前だった。

「死にたい」と、彼女が思うようになったのはそれからだった。

＊

ふと時計を見ると3時半をまわっている。かれこれ1時間半以上は話を聞いていたようだ。

さて、どうしたものか……。

彼女が求めていることは、「死にたいという気持ちを聞いてもらって楽になること」ではないはずだ。もちろん少しはそれもあるかもしれないが、彼女の家庭がかかえる問題を整理し、フクシにつなげることが、彼女の心を軽くするために必要だと思われた。

「いまのお話、主治医には話されたんですか？　一度、ゆっくりお話をしませんか？　以前にU区で生活保護は難しいと言われたということですが、ほかにとれる方法がないか、考えてみる価値はあると思います。いかがでしょう」

「……本当ですか？　もちろんです。ありがとうございます。ぜひ、よろしくお願いします」

「じゃあ、これが僕の連絡先ですから。×××……」

相談会の人に了解を得たうえで、ではあるが、こうして僕はいつもの調子で、自分のプライベートな連絡先を教えたのだった。

＊

彼女との電話から4日後。僕たちは上野の喫茶店で待ち合わせをした。彼女はデニムにカーディガンという、さっぱりとした恰好で現れた。

働くことができないほど病状が悪化しているというが、目の下にある大きなくまをのぞけば、見た目には丸の内で会社員をしていると言われてもわからない。精神的な傷病があっても身体的には健康そうに見えることがあり、なかなか病気について理解してもらえないという話を聞いたことがあるが、彼女なんてまさにそうだ。

当たり前のことだが、この上野を歩くあらゆる人たちが、病気や障がいに限らず、見た目にはわからないような生きづらさや難しい事情をかかえているのだろう。

「こんにちは。本当は人がいっぱいいるところは苦手なので来れるか自信がなかったんですが……。今日はありがとうございます」

「いえいえ、こちらこそ。早速ですが、電話で聞いたことについてもう少し細かく教えていただいてもよろしいですか？　追加で確認したいこともいくつかありますので」

彼女がいまのまま家に住み続けるのは精神衛生上、明らかによくないだろう。かといって、弟さんの年金がある状態では3人世帯として生活保護基準を上回ってしまう。「世帯分離」を適用して、在宅のまま彼女だけが生活保護を利用できるようにすることも、U区のフクシは許可しないだろう。もちろん、彼女にアパートを借りるだけの収入や初期費用をまかなえる資金力があるわけでもない。

であれば、方法は一つ。問題の焦点を、弟からの「暴力」に移す。彼女は弟の暴力に怯えていて、過去には実際にケガもしている。生命の危機があるということで保護を求めればいい。これは立派な家庭内暴力、いわゆるDVであるわけだから。

「でも、何度かU区の女性相談の窓口にも行ったんです。離婚する時にはいろいろ親身になってくれたんですが、家族からの暴力についてはうちでは何もできないと言われてしまいまして」

いわゆる「DV防止法」が成立したのは2001年。正式名称は「配偶者からの暴力の防止及び被害者の保護等に関する法律」という。その目的は文字通り、配偶者（事実婚やカップルも含む）からの暴力被害を防ぐこと、被害にあった人を保護することにある。

法律上は「配偶者」となっているが、もちろん、実際には兄弟・姉妹間の暴力であっても、女性センターなどの相談窓口は相談対応をしてくれる。また、DV被害を受けた人が避難するための「DVシェルター」などと呼ばれる女性専用の施設では、DV被害者だけではなく、ホームレスの女性の入所を許可していたりと、柔軟な対応をしている。

女性相談窓口の人が対応できないと言ったのは恐らく、家族間の問題に立ち入り、DVの事実を立証するのが難しいからだろう。目に見えて命の危険がない限り、なかなか動きづらいという現実はある。

とはいえ、本来であれば必要な保護をおこなうべきだった。

「でも、私も踏み切れないでいるんです。母のことがありますから。母とは何度も話し合いました。家を出ようとも言いました。でも、母にとってアイツは、いつまでも可愛い息子なんです。息子を置いて家を出ることはできない、出ていくならあなた一人で行きなさいと言われました。でも、もしも母がアイツに突き飛ばされたりしたら……。それこそ死んでしまうかもしれません。そんな母を置いて私だけが逃げるなんて、許されません」

彼女は縛られているのだ。今度は夫ではなく、家族という枠そのものに……。

「事情はわかりました。とはいえ、弟さんがいつ爆発するかわからないわけでしょう？昨夜も大声で夜中に叫んでいたと話されていましたね。お母様にはお母様の考えがあるでしょうが、あなたにはあなたの人生があります。とはいえ、僕があれこうしろとも言えません。もし相談に行きたいとご決断されるようでしたら、ご連絡ください。その時は、僕も全力でお手伝いしますから」

「はい、ありがとうございます。よろしくお願いします……」

彼女と上野駅で別れてから、女性支援の施策に詳しい知り合いたちから情報を集めた。緊急時であれば警察、それ以外だと女性センター（男女共同参画センターなど）、それに福祉事務所でも保護してくれることがあるそうだ。

いざとなったら、暴力からの保護ということでなくても「もう家に帰れない」、つまり「住所不定」ということで、単身で生活保護を申請するという方法もある。特に、U区の生活福祉課にはこれまで何度も訪れているわけだから、そうしたほうが話は早いだろう。大丈夫、なんとかなる。あとは彼女が決断すれば万事解決だ。

僕は、意気揚々と家路についた。

彼女から途切れなく電話がかかってくるようになったのは、その晩からだった。

*

「もういい加減にしてください！　いま、いったい何時だと思ってるんですか？　それに、今夜だけでもう何度目ですか？　僕にだって仕事があるし、できる限りのアドバイスはしたはずです。家を出る決断ができたら連絡をしてくださいって言ったはずじゃないですか！」

彼女と会ってから約1か月。

僕はついにたまりにたまった気持ちを彼女にぶつけてしまった。

毎晩続く深夜の電話に、相当に疲弊していた。不安な気持ちはわかるけれど、本当にもう、どうこうしようがない。

僕にできることは、彼女が決意をした時に一緒に役所に行くことくらいなのだから。

「ご、ごめんなさい。私、本当にもう、どうしたらいいかわからなくて……」

ただでさえ消え入りそうな声が、さらに弱々しくなる。電話の向こうから嗚咽《おえつ》が漏れ聞こえてくる。それを聞いて、少し冷静になった。深呼吸をして、必死に平静を保つ。もしかしたらこのまま、思い切って突き放してしまったほうがいいのかもしれない。でも、さすがにそこまでの勇気は僕にはない。「死にたい」と言っている彼女に対して、これ以上の厳しいことを言えるわけがない。

「とりあえず、今日はお互いもう寝ましょう。また今度、冷静になって……」

僕は、できる限り穏便に電話を終えるための言葉を探していた。

すると、電話口から予想外の言葉が聞こえてきた。

「……わかりました。もう電話しません。本当にごめんなさい」

プー、プー、プー。

えっ？　唐突に電話が切れた。

狐につままれたような気持ちでiPhoneの液晶画面の通話終了の文字を眺める。言いようのない不安な気持ちに襲われた。いままで彼女から電話を切ることなんてなかったのに。

間違って切ってしまったのだろうか。念のためかけ直したほうがいいのか？　でも、確かにもう電話しませんって言ったよな……。

正直、願ってもないことではあったが、予想外の展開すぎて戸惑ってしまった。きつく言ったことで、彼女も反省したのだろうか。

とりあえず、今日はもう大丈夫そうだ。ゆっくり眠ろう。

どうせ、明日からまたかかってくるのだから……。

でも、そんな僕の予想に反して、その夜から3日経っても、1週間経っても、彼女から電話がかかってくることはなかった。

＊

「もしもし、お久しぶりです」

「あっ……」

非通知でかかってきた着信をとり、思わず声をあげた。

彼女だ――。最後の電話から2週間が経っていた。そしていまは夜中ではない、まだ昼の1時だ。いつもの彼女の声とトーンが少し違う。少し明るくなった気がする。

「お久しぶりですね。びっくりしました。いったい……どうしたんですか？」

なんだか緊張してしまう。若干の後ろめたさもあり、うまく話せない。

「急にすみません。今日はご報告があって。実はあのあと私、リスカしてしまったんです」

えっ？

「いま、埼玉にあるJ病院に入院しています。あ、もちろん大西さんに怒られたから切ったわけじゃないですよ？　あの時はすごくつらかったですけど……。別にそのせいではないんです」

ちょっと待って、リスカって、リストカットのことか？

「実はあの電話の翌日、一人でU区に行ってみたんです。自分でなんとかしようと思って。でも、やっぱりうまくいきませんでした。その帰り道、高校時代の友人と駅前でばったり会ったんです。彼女は2人目の子どもが生まれてこっちに戻ってきているみたいで。優しい夫がいて、子どもも2人育てていて、すごく幸せそうでした。なんていうかそれを見て、どうして私はこうなっちゃったんだろうって、ただただ悲しくなったんです。どうしてなんだろうって。それで、衝動的に……。気がついたら病院にいました」

言葉が出ない。心臓がバクバクいっている。僕の心境を察してか、彼女はそのまま話を続けた。

「病院にいる時、一人でいろいろ考えたんです。私はどうしたらいいんだろうって。おかしいですよね。死のうとしたのに、私、どうやって生きていけばいいのかをずっと考えていたんですよ？　でも、言い方はヘンなのかもしれないですが、切って少し楽になったというか。生きたいという気持ちに気づいたというか……」

少し言葉につまる彼女。でも、それに続いた言葉ははっきりと、力のこもったものだった。

「ねえ、大西さん。私、家を出て生活保護を受けたいです。もう家には帰りません。やっと決めました。実はいま、病院のＭＳＷ[*13]さんにも相談しているんです。だから、大西さんにもまたいろいろ頼むことがあるかもしれません。もう一度だけ、私の相談にのっていただけないでしょうか？」

閉鎖病棟にいるはずの彼女。その声は明るかった。

＊

それから1か月ほど経った11月。僕は彼女と待ち合わせをし、一緒にU区に行った。事前にJ病院のMSWから連絡が行っていたこともあり、話はすんなりと進んだ。区役所を出てから、ステップハウス[*14]へ向かう彼女を近くの駅まで送った。

「大西さん、本当に、いろいろとありがとうございました」

「いえいえ、僕はなにも……。でも、本当によかったです。もちろん、大変なのはこれからかもしれません。また、何かあったらいつでも連絡してください」

言ってしまったあとで思わずハッとした。

懲りずにまた連絡しろだなんて、僕はまた……。

「はい、もちろんです。つらくなったらまた夜中に電話しますから。って、ふふふ。

冗談ですよ。もう電話しなくて済むように、今度はちゃんと自分の力でなんとかやっていきますから」

駅前のロータリーでは、焼き芋の販売車に高校生が群がっている。もうコートが必要な頃合いかもしれない。仕事帰りのサラリーマンが足早に改札口を通り過ぎていった。

帰りましょうか——言葉をかけようと思い、彼女のほうに向き直る。一瞬、ドキッとした。

彼女は少し震えながら、不安げな顔をしていた。思わずかける言葉を見失った。

彼女は、僕の目を見つめ、聞こえるか聞こえないかくらいの声で言った。

「でも、本当につらくなったら……。その時はまた、相談にのってくださいね」

断る理由はない。「もちろんです」と僕が答えると、彼女はひかえめに笑った。

夕焼けに照らされた彼女の笑顔は、とてもきれいだった。

それ以来、彼女からの電話は一度もかかってきていない。

＊12―例えば、母と子の二人世帯で生活保護を受給していた場合。子が成人し就職した時に、母と子の収入の合計が「二人世帯の生活保護基準」以下であったとしても、仮に子が一人暮らしになることで「単身世帯の生活保護基準」以上になれる状況であれば、その子の自立更生のために一定期間世帯分離を認め、子が就労収入で転居費用などを貯められるよう支援する場合がある。その場合、子は転居したあとは生活保護ではなくなり、母は単身で生活保護を受け続けることになる。

＊13―医療ソーシャルワーカー（Medical Social Worker）の略称。医療施設で働いているソーシャルワーカーを指し、社会福祉の視点から、患者さんやご家族の相談にのり、経済的・心理的・社会的な悩みや問題の解決をサポートする。

＊14―さまざまな理由で緊急的にシェルターなどを利用したあとに、もう少し心身を休め、新しい生活をはじめるまでの準備期間を過ごすための場所を提供する施設。

Column 8　女性、そして子どもの貧困

女性の貧困について考える時、その背景にＤＶ（ドメスティックバイオレンス）の問題があることを忘れてはいけません。ＤＶとは、主に夫婦やカップル間での暴力のことを指します。

ここでいう暴力とは、必ずしも殴る蹴るなどの身体的暴力のみを指すものではありません。具体的には、「身体的暴力（殴る・蹴る・叩く・物を投げるなど）」「精神的暴力（暴言・脅迫・いやがらせなど）」「性的暴力（性的ないやがらせ・性的な行為の強要など）」「経済的暴力（必要なお金を渡さない・お金をせびるなど）」「社会的暴力（ほかの人と会うことをいやがる・出かけることをいやがるなど）」などが挙げられます。

これらを個々人の問題ではなく、解決すべき社会問題としてとらえる流れから、２００１年に「ＤＶ防止法（配偶者からの暴力の防止及び被害者の保護等に関する法律）」が成立しました。12年の内閣府の調査結果では、既婚女性の３人に１

子どもの貧困率

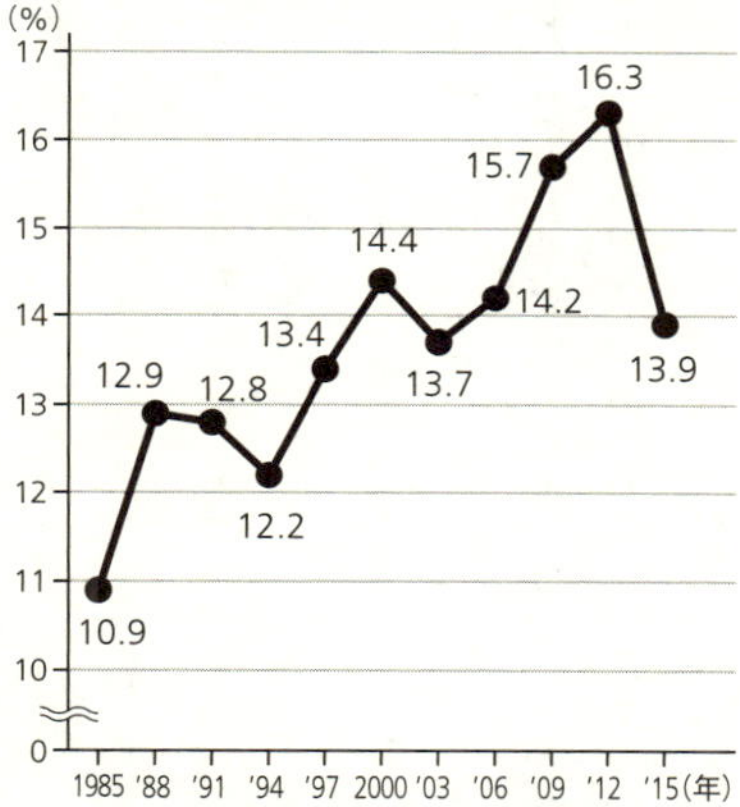

厚労省「平成28年 国民生活基礎調査の概況」より作成

配偶者暴力相談支援センターの相談件数年次推移

2002年度	**35,943**件
2003	**43,225**
2004	**49,329**
2005	**52,145**
2006	**58,528**
2007	**62,087**
2008	**68,196**
2009	**72,792**
2010	**77,334**
2011	**82,099**
2012	**89,490**
2013	**99,961**

内閣府男女共同参画局「配偶者暴力相談支援センターにおける配偶者からの暴力が関係する相談件数等の結果について」より作成

人がＤＶ被害経験を持ち、23人に１人が生命の危険を感じるほどの暴力を受けたことがあると報告されています。

　現実にＤＶを受けていても、被害者側が経済的に自立していないために、逃げ出したくても逃げ出せないというケースがよくあります。また、ＤＶが原因で仕事を続けられなくなったり、引っ越しせざるを得なくなったりと、被害者側が経済的な基盤や人間関係を失ってしまうこともあります。社会の問題として、まだまだサポートが足りていない状況です。

暴力の問題は女性に限らず、子どもや障がい者、高齢者などの弱い立場にある人に及ぶことも多く、いわゆる「児童虐待の防止等に関する法律」「障害者虐待防止法」「高齢者虐待防止法」など、さまざまな施策が整えられつつあります。しかし、このような流れがあること自体、それだけ社会のなかで暴力を受けやすく、経済的な自立が難しいという証左でもあるのです。

また、ひとり親家庭の貧困率は54・6％（12年）と高く、「母子世帯」では95・9％が平均所得金額以下で生活しています（13年「国民生活基礎調査」より）。子どもの貧困率も上昇を続けており、女性や子どもをとりまく状況は待ったなしなのです。

第9章

暴力団

2012年2月。もやいに僕宛ての手紙が届いていた。

差出人の欄には「クロダケンスケ」と書かれている。ペーパーナイフで丁寧に封を切ると、便箋が一枚。開くとただ一言。


「大西さん、ごめんなさい」


差出人の住所には「R警察署」と書かれていた。いやな予感がする。クロダさん、確かアパートに入ったばかりだったはずだよな……。

便箋や封筒を見回してみたが、ほかにはなんの手がかりもない。

「とりあえず、面会に行ってみるか」

インターネットでR警察署の電話番号を調べる。悪いことはしていないけれど、警察署に電話をするのはなんだか気が引ける。

「あの、もしもし。そちらに留置されているクロダケンスケさんに面会をお願いできればと思っているのですが……」

「面会?　ああ、接見ですね?　いま、担当の部署につなぎますのでお待ちください」

交換台の女性が事務的に告げると、電話は急に保留に切り替わった。フォスターの〝Beautiful Dreamer〟のメロディがむなしく耳元で響いている。警察署には似つかわしくない選曲だ。

「もしもし、接見ですか？　おたくはどちらさまですか？」

次に出たのは中年の男性だった。思いのほかやわらかい口調でほっとする。

「そちらに留置されているクロダケンスケさんから手紙が届きまして。アパートの緊急連絡先を引き受けているんですが、もしまた収監になったのなら引き払いとかになるかもしれないので、それで連絡を……」

僕はクロダさんの家族でもないし弁護士でもないから、普通に面会に行きたいと言っても断られてしまうだろう。クロダさんがアパート契約する際、個人的に緊急連絡先を引き受けていたので、とっさに言葉が出てきた。

「なるほど。わかりました。ただ、電話口では接見できるとか、できないとか、言えないんですよね。取り調べとかで署にいない場合は難しいですし。それから……」

接見に関する細かい説明をされたが、とりあえず16時までに行けば会えるかもしれない、ということだった。[*15]

「16時までですね。ギリギリ間に合うと思うので向かってみます。ありがとうございました」

電話を切ると、手汗をびっちりとかいていることに気がついた。

警察署にはいい思い出はない。初めて警察署を訪れたのは、父が亡くなった時だ。父は自宅で息を引き取ったので、一度、警察の検視にまわされた。警察署の廊下のベンチで待たされていた時のことを思い出すと、いまでもなんとも言えない気持ちになる。正直、あまり気が進まない。とはいえ、こんな手紙が送られてきては放ってはおけない。

僕は急いでR警察署に向かった。

*

R警察署は住宅地のど真ん中にあった。思いのほか外観はさっぱりしている。警察署というと暴走族を取り締まったり凶悪犯罪の被疑者を留置したりする場所だから、ちょっとした要塞のような堅固な造りになっていると思っていたが、実際はオフィスビルと大差ないし、言われなければただの雑居ビルにしか見えない。入り口に立っている竹刀らしきものを持ったお巡りさんに会釈をして、受付を目指す。

「あのー。すいません。留置所に面会に来たんですが……」

「留置管理課ですね。3階になります。その右手の階段をあがってください」

受付の女性警官にうながされ3階にあがる。目的の留置管理課にたどり着くと、先ほど電話で話した中年の男性警官が丁寧に対応してくれた。身分証明書を出し、必要書類に押印する。印鑑がなかったのでなんとなく気が引けたが拇印《ぼいん》を押した。別に悪いことをしたわけでもないのに、いちいち緊張してしまう。男性警官は饒舌で、見た目もまんまるで、声の印象通りいかにも人がよさそうだった。

「いやあ、ご家族でも弁護士でもない人が接見に来るのはめずらしいですよ。不動産屋さんとかはたまにあるんですけれどね。あなたと同じように、部屋を引き払ったりするのに同意書が必要だとかで。本来であれば弁護士がするんでしょうけど、国選だったりするとそこまでやらない弁護士も多いみたいですからねえ。あ、荷物の持ち込みは制限があるのでこのロッカーにお願いします。それから、差し入れはありますか？」

「え、差し入れ？」

なるほど。思いもよらなかった。クロダさんには悪いがなんの用意もしてきていない。まさに、ただ会うだけになるだろう。

「じゃ、接見時間は15分です。こちらの係の者が同席させていただきますので。こちらでお待ちください」

廊下のソファで待つこと数分。先ほどの男性警官にうながされ、接見室に通された。接見室は白色の無機質な部屋。パイプ椅子がぽつんと置かれている。目の前には透明なアクリルか何かの仕切りがある。顔の高さのところに丸い穴がいくつも開いていて、ちゃんと会話ができるようになっている。ドラマで見た通りのやつだ。

ブーッとサイレンのようなものが鳴って、ドアの上部につけられた赤いランプが点《とも》った。警察官に連れられて、クロダさんがドアを開けて入ってきた。心持ちやせただろうか。頬がこけて見える。坊主頭になったことでさっぱりとしたが、目の下にはクマがある。

「こんにちは……」

なぜか僕まで声がかすれてしまう。部屋のなかに警察官がいるので、ちょっと話しづらい。

「あの、クロダさん。お久しぶりです。お手紙をもらいまして、それで……」

「……」

「えーと、お手紙をもらったので、それで来たんですが……」

「……」

「えーと……」

しばらく沈黙が続いたが、クロダさんは突然立ち上がり、僕に深々と頭を下げた。

「ご迷惑をおかけして、本当に申し訳ありません。本当に、本当に……」

ただでさえ狭い接見室に、彼の嗚咽だけが響いていた。

＊

クロダさんから初めて手紙をもらったのはおよそ半年前。２０１１年９月のことだった。

彼はその時、日本の北端近くにある刑務所に入っていた。罪状は、覚せい剤の所持および使用。元暴力団員で前科もたくさんあった。彼は当時、出所を控えていたのだが、当然、僕と面識があるわけではなかった。

クロダさんが僕に手紙を送ってきたのには理由があった。同じ罪状で捕まっていた彼の舎弟の元妻が、シャバに出てからの生活に困っていて、たまたま僕が生活保護の申請同行を手伝ったのである。そんな縁もあり、彼女と親交のあったクロダさんは僕に手紙をよこしてきたのだった。

刑務所から手紙をもらったのは初めてだったので、最初は戸惑った。便箋の一枚一枚に検閲済みの証である桜のマークが押されていた。まるで刑事ドラマの世界の話のようで、あまり現実感がなかったのを覚えている。

手紙には、簡潔にこれまでの自分の人生と、罪を犯した理由、そして、暴力団から脱会し生活を再建したいのだが、住む場所どころか出所後に行くあてもないことなどが綴られていた。

その後、何度か文通をし、出所後、直接話を聞くことになった。

「こんにちは、クロダです。無事に昨日シャバに戻ってきました。これからは心機一転やっていきたいと思っています。よろしくお願いいたします」

50代のクロダさんは、大きな体軀でハキハキと丁寧にものを言う。ヤクザの人には新宿の夜回りの時、挨拶程度に話しかけられたことはあった。このようなかたちで面と向かってゆっくり話をするのは初めてだ。

会う前はかなりビビって身構えていたのだが、「元」だからなのか、風貌もそんなに怖くはなかった。ただ、よくよく見れば両手の小指はなくなっているし、今度見せてくれると約束してくれたのだが、背中には観音様の立派な彫り物があるらしい。

彼は北関東の生まれで、高校を出てから食品加工の会社に正社員で就職した。意外なことに、暴走族あがりでもなければ、地域の学校をシメていたとかでもなく、どちらかと言えば地味で目立たない学生だったという。ただ、中学高校と柔道を習っていて、県大会まで進出したというから、ケンカは相当に強そうだ。

就職した会社は都内にいくつか販売拠点のテナントを持っていて、最初は仕分けなどの裏方の仕事に従事していたものの、持ち前の実直さを発揮して4〜5年のうちには店舗を任される立場になったという。

「俺はＪＲのＬ駅近くの店を任されたんです。社長に気に入られての大抜擢だったんですよ」

当時のことを思い出してか、クロダさんはすごく嬉しそうに話す。実際、彼はその期待に応えようとするために、がむしゃらに働いた。いや、働きすぎてしまったのかもしれない。

気がつけば仕事のストレスを酒でまぎらすようになり、毎晩1本だった缶ビールが2本、3本と増えていった。この頃から繁華街で飲み歩くようになり、悪い遊び仲間も増えていった。仕事でもささいなミスを連発するようになってしまい、どんどんうまくいかなくなってしまった。

もともと実直さがウリだったはずなのに、飲酒の影響か不眠の影響か、ついに決定的な失敗をしてしまい、北関東にある本社に呼び戻されることになったのだった。

「いま思えば素直に本社に戻って一から鍛え直してもらえばよかった。でも、変なプライドが邪魔をしたといいますか。若かったし、やり直しがきくだろうと思ってしまったんです。いっそこれを機に独立してやろうかと思ったくらいですから」

こうして25歳で会社を退職したクロダさん。しばらくハローワークなどに通ったものの、そう簡単に次の仕事は見つからなかった。そんな時、常連になっていた居酒屋で、隣に座った男性と諍《いさか》いを起こし、ついにはケンカになってしまった。

「その人はパリッとしたスーツを着て、黒縁の眼鏡をかけていて、なんだかキザでいけすかねえ野郎だなって。俺もその時はかなり生活に困っていたし、アパートも追い出されそうでカリカリしていました。酔っ払っていたからなんでケンカになったのかは覚えていないんですが、表に出ろってなって、路地で向かい合ったんです。タッパは俺のほうがあるし、ケンカで負けるとは思っていませんでした。俺に挑んでくるなんてバカなやつだと思ったんです。それで先に一発かましてやろうと思って踏み込んだら……。実は、ここからの記憶がないんです。生まれて初めてでしたよ。KOされたのは」

クロダさんを一発KOしたのは、完全にその筋の人だった。この時の相手が、のちにクロダさんの兄貴になるわけだが、クロダさんにとっては、まさしく運命の出会いだった。

「人生が一変しました。あの日、兄貴に打ち負かされたことで、酒に溺れて壊れかけていた心が蘇ったんです。兄貴は本当にかっこいい男でした。舎弟になって、最初はキャバレーのドアマンみたいな下っ端の仕事を任されてたんですけど、それで満足でした。兄貴に拾ってもらって、俺はやっと生きているって思えるようになったんです」

クロダさんが正式に盃《さかずき》を交わしたのは27歳の時だ。全国でもトップクラスの大きな暴力団の構成員としての人生がスタートした。組で彼が何をしていたのかは聞かなかった。両手の小指は欠損し、右手に関しては薬指もなくなっている。そして、度重なる受刑歴。何より、服役中に診断された覚せい剤依存という診断がすべてを物語っている。

でも、クロダさんはこうして暴力団を脱会し、刑期を終えてシャバに戻ってきた。脱会を決意したのは年齢もあるし、もう無理ができない身体になっていることも大きい。それに、度重なる受刑で精神的にも限界だったのだと話していた。

「いろいろありました。本当にたくさんの人に迷惑をかけました。でも、もし、やり直せるチャンスをいただけるのなら、いまからもう一度頑張りたいです」

ひとしきり話し終えると、彼の目に光るものが見えた。案外、涙もろい人なのかもしれない。

＊

「ええと……ご存じだと思いますが、暴力団の人は生活保護、ダメですよ？」

その翌日、G区のフクシに僕たちは来ていた。G区のフクシは区役所から離れた、団地の真ん中にある。隣の公園で遊ぶ子どもたちの声が騒がしい。

「いや、ですから、説明しているじゃないですか。クロダさんはもうすでに脱会しているんです。元暴力団員であって、いまはもう違いますよ」

「大西さん、そうかもしれませんが、本当に脱会をしたのか、その確認をしないと難しいですよ。いま警察署に確認していますが担当者が不在とかで、今日中には難しいかもしれないという話でした。だいたい、急にうちに来られても困りますよ。ちゃんと書類とかをね、そろえてから来てもらわないと……」

暴力団の人たちは、この国では必ずしも生存権が担保されているとは言えない。テレビなどで生活保護のお金がヤクザに流れているといった報道がワイドショー的に流れることがあるが、基本的に現役の暴力団員は生活保護を利用できないことになっている。もちろん、救急搬送などの場合に一部適用されることはあるが、生活保護を使って日々の生活費を援助してもらえることはない。

これは、暴力団員だから生活保護はダメ、ということではない。暴力団員は違法な方法で収入や資産を得ている疑いがあるため、その状況を逐一チェックすることができず、本当に生活保護の基準以下の生活であるのかどうかを判断できない、というのが却下される理由だ。

暴力団員を辞めるとなった場合、警察に暴力団構成員の名簿があるので、すみやかに脱会届を提出し、正式に抜けないと、必要な支援を受けることはできない。不正受給対策の観点からも暴力団排除の流れからも、各自治体の窓口はかなりナーバスになっているのだ。

「クロダさんは服役の際、きちんと脱会しています。それに、出所してきてまだ1週間ですよ。行くあてもないし、北海道から東京に戻ってきた時点で刑務作業で得たお金も尽きてしまった。住所とお金がなければ仕事には就けません。そんなこと、フクシのみなさんだってご存じのはずです」

G区の相談員のKさんは、一見人のよさそうな中年の女性だ。でも、クロダさんが元暴力団員とわかってからは、あからさまに嫌悪の感情をあらわにしている。

「そうは言いましてもね。この方が嘘を言っていて、私たちがだまされたとなったら大変なことですよ。大事な税金がもし仮に暴力団に流れてしまったらと思うと……。とても怖いですわ」

クロダさんがこれまで何度も法を犯してきたのは事実だ。Ｋさんの気持ちもわからなくはない。ただ、ここまで露骨な言い方をしなくても……。

暴力団員であったこと、過去に罪を犯していることが、その人を差別する大義名分になっているかのようだ。

「脱会届の確認が今日中にできないかもしれないことはわかりました。警察にはすでに依頼をしていただいている、だから返事待ちだということも。とはいえ、実際問題クロダさんは所持金も住むところもなく、いますぐに支援が必要な状況にあるんです。その点、Ｇ区としてはどのように対応するのですか？」

「だから、私たちとしては警察からの返事を待ってから、としか……」

「Ｋさん、わかりました。ただ、上司の方と相談してください。ご存じだとは思いますが、生活保護の申請自体は、仮に暴力団員であっても可能です。もちろん、暴力団員だったら申請を受けつけたあとに却下ということになるわけですが。そして現状、警察の返事があるまでは生活保護の決定も却下もできないわけです。それはよくわかります。でも、それとは別に、クロダさんが今晩泊まる場所もお金もないという問題があるんです。これについてG区はどうするのですか？」

「いや……ですから、警察からの連絡待ちで。それまではご自身でなんとかしてもらうしか……」

「そうですか。しつこいようですがKさん、これは大切なことなんです。警察からの返事はいつになるかわかりません。明日の朝かもしれなければ、3日後、場合によっては1週間かかるかもしれません。もし、僕もKさんもクロダさんにだまされていたとして、本当に彼が現役の暴力団員だったら1週間路上で待たせたとしても問題はないでしょう。でも仮にクロダさんがすでに脱会している状態だったとあとから判明したら。KさんとG区の判断は、生活保護が必要な人を1週間も路上で生活させたことになります。その場合の責任をどうとるのか、これはそういう判断なんです」

Kさんは困惑していた。眼をしょぼしょぼさせている。我ながら痛いところをついていると思うが、仕方がない。クロダさんが更生するためには、フクシの支援が必要なのだ。

「大西さん、それってまるで、脅迫じゃないですか……。そんなこと言われてもどうしたらいいものか。もし、なんらかの支援をしたあとに現役の暴力団員だとわかったら、G区が不正受給を幇助《ほうじょ》したということにもなりかねません。やっぱり、そんなことはできませんよ……」

性善説か性悪説か。答えなんて出ない。でも、はっきり言えるのは、目の前に今日食べる物や寝床もままならない、困っている人がいるということ。

そして、それを支援するのがいまの僕の役割だ。

「もしクロダさんが脱会しているのにG区が保護せずホームレス状態にとどめていたら、G区の対応は問題になるでしょう。クロダさんが脱会していることを考えると、今日から早急に支援するべきです。逆にクロダさんが僕やG区をだましていたなら、つまり、現役の暴力団員であったのであれば、それは立派な不正受給だし、詐欺です。その場合、G区はクロダさんを刑事告訴してください。いまKさんが言っていることは、不正受給を防ぎたいから、身の潔白な状況であるかもしれない人をとりあえず1週間路上生活にとどめておこう、ということなんです。もしその1週間の間にクロダさんの体調が悪くなったり、不測の事態におちいってしまったりしたらどうしますか？　元暴力団員だったから仕方がないとは言えないはずです。Ｇ区としての判断を求めます。上司の方と相談してもらえればと思います」

相談員のＫさんは明らかにパニック状態におちいっていたが、上司と相談してきますと言い残し、ブースを離れた。少し強引すぎたかもしれない。

でも、生活を立て直したい人が手を伸ばしている。そして、そのために使える制度が目の前にあるのに使えない。これではなんのためにある制度なのかわからないじゃないか。

隣に座るクロダさんに目をやると、ひざのうえに握った拳がプルプルと震えていた。

「大西さん、すみません。俺は悪いことをいっぱいしてきました。だから、１週間くらい路上で寝泊まりしたってかまわないです。税金で支えてもらえるだけで御の字の身なんですから。本当に、恥ずかしい限りなんですから……」

「クロダさん……。もちろんあなたには前科があります。僕がまだ聞いていないような悪いことも、たくさんしてきたんでしょう。でも、これからは違う人生を歩みたいという決意がある。その決意を手紙で送ってきてくれたんでしたよね。過去は変えられないかもしれませんが、これからの人生をどう歩むかは、いまのクロダさん次第です。僕は生活保護制度のことしかわかりませんが、制度上、申請自体は受けつけないといけません。それに、脱会届を出しているのは事実なわけだから、時間がかかるだけで生活保護の決定もきっと下ります。僕は自分のやるべきことをやっているだけです。だから、クロダさんもいまできることをちゃんとやっていきましょう」

「ありがとうございます……本当に、ありがとうございます……」

クロダさんはやっぱり涙もろい人だ。声は出さずに、大きな背中をまるめて静かに泣いていた。

結局、その日からの宿泊場所をG区は用意してくれた。3日後には脱会の確認も取れ、生活保護の受給も決定した。クロダさんの当面の宿泊先に関しては、背中の彫り物が立派すぎるために共同浴場などの設備しかない施設は受け入れ拒否が続き、なかなか確保が難しかった。

しかし、それが逆に幸いしたのか、施設にとどめられることなく早い段階でのアパート入居が決まった。契約の際、僕が緊急連絡先を引き受けると言った時も彼は涙ぐんでいた。

その後、クロダさんの紹介で元暴力団員の人の相談にのったり、生活保護の申請同行に行ったりすることも増えた。クロダさんは医療機関につながり、依存症の自助グループなどにも通うようになった。何もかもが順風満帆のように思われた。

そんな矢先に、あの手紙が届いたのだった。

*

接見室に入って5分。警察官にうながされ、クロダさんは面をあげた。涙と鼻水が混ざってぐちゃぐちゃになっている。

「わざわざ来てもらってすいません。いろいろお世話になったのに……本当にごめんなさい……」

「クロダさん、いいんですよ。本当に。ただ、何があったのかなって。それにもし差しさわりがなかったらなんですが……。やっぱり、今回も同じ罪状だったりしますか？」

「……はい、すみません」

アパートに移ってからのクロダさんの生活は何もかもが順調だった。本人いわく、「順調すぎた」。アパートに入居してからは、以前のような生活に戻らないように毎週必ず依存症の自助グループに通ったし、医療機関にも定期的に通院した。服薬も守り、自炊もし、お酒の誘惑も断って慎ましく生活していた。クリスマスには駅前の製菓店で小さなケーキを買い、大晦日には年越しそばを食べた。徐々にではあるが、念願の普通の生活を手に入れつつあった。

２０１２年の正月。クロダさんは久々にG区を離れ、都心の大きな神社に初詣に出かけた。一張羅のジャケットに革靴を履き、今年はいい年になるようにとお賽銭も奮発した。

でもその帰り道、彼の運命はまた大きく変わってしまった。

「お前、クロダか？」

見覚えのある顔。しばらく会っていなかったが、すぐにわかった。少し老けたように見えるが、一度は本気で憧れた男。

それはかつての兄貴だった。

その日は、ほんの立ち話で終わった。兄貴はいま事業を展開しているとかで羽振りもよさそうだった。クロダさんは真新しい名刺だけを受け取り家に帰った。3日が過ぎ、1週間が過ぎた。クロダさんは名刺の番号に電話をかけた。

最初はただ、旧交を温めるつもりだった。実際に兄貴と会っても酒は断ったし、昔話に花を咲かせ、楽しい時間を過ごした。

しかし、その日からクロダさんのなかで決定的に何かが変わった。

「いったい、どうして電話をしたんですか？　また、いろいろ誘われたりするのはわかっていたはずなのに……」

「そうですね。その通りです。なんでなんだろう……。なんていうか本当に、アパート生活はうまくいっていたんです。俺も満足していました。いや、これで満足なんだって、思い込んでいたのかもしれません。兄貴と会ったあの日から、なんというか血がうずくようになったんです。一生、役所と病院と自助グループとスーパーを往復するだけの人生でいいのかって……。ハローワークに行っても、前科者で病気持ちの俺を雇ってくれるところなんてないし。俺の人生、このまま終わってもいいのかって……」

クロダさんが、心なしかみるみる小さくなっていくように見えた。

「……さみしかった」

しばらくの沈黙のあと、クロダさんはぽつりと言った。

「そう、さみしかったんです。俺は生きている実感がほしかった。まだまだ俺はやれるって、そう思いたかったんです。本当に、本当にやり直したかった。でもあのままでは、あのアパートにいたままではダメだったんです。最後にひと花咲かせてやろうって……またバカなことを……」

接見の時間が終了したことを警察官が事務的に告げた。僕はクロダさんに一礼してから部屋を出た。クロダさんの罪状は覚せい剤の所持と使用。彼は罪を全面的に認め、裁判でも争わず、いま再び刑に服すことになった。出所から半年も経っていなかった。

僕自身はその後も、出所者の支援や、受刑中の人の相談、元暴力団員の人の支援を引き受けていたが、クロダさんのことはいまもずっと気がかりに思っている。

「さみしかった、か……」

彼は、どうしようもなく孤独だったのだろう。もちろん、彼が犯した罪は決して許されるものではない。しかし、彼はアパートでの普通の生活よりも、兄貴とのつながりに心を満たされた。

それが社会的に正しい道でないことを、いつかは自分自身を破滅に導く道であることを承知しながらも、兄貴のもとに走ったのだった。

クロダさんからは、いまも定期的に手紙が届く。

そこには、美しい桜の刻印が押されている。

＊15—弁護士でない限り、通常一日1回、一人しか接見できないことになっている。もし別の誰かがすでにその日に来てしまっていたら、せっかく足を運んでも本人には会えない。また、接見時間は警察署によっても違うが決まっており、警察署に到着した時、条件がそろっていたら手続きをしてもらえる。

Column９　貧困はさまざまな要因と結果にもとづく

私たちは仕事を失っただけでは、すぐさま貧困にはおちいりません。では、いったいどのような状況におちいった時に、貧困になってしまうのでしょうか。私たちは大きく分けて４つの方法で生計を立てています。

①　働いて収入を得る
②　資産を活用する（相続や自分で貯めるなど）
③　家族や友人、恋人に扶養される
④　年金や生活保護などの社会保障制度を使う

成人するまでは家族（主に父親）の扶養を受け、就職したら自ら妻子を養い、マイホームを買い、貯蓄をして資産を形成する。定年退職後は年金と資産を崩して生計を立てる……。このような、いわゆる昭和モデル的な男性像とまではいかなくても、ほとんどの人は上の4つの方法を組み合わせながら生活しているはずです。そして、この4つがうまく機能しなくなると、私たちはたちまち貧困におちいりやすくなります。

低収入で、仕送りがないと生活ができない。年金が少ないけど高齢だから働けない。ブラック企業だから仕事を辞めたいけど、家族とは不仲で頼れないから続けるしかない。こういう状態だと、ギリギリの生活を余儀なくされます。そして、最後の頼みの綱が断ち切られてしまった瞬間、一気に貧困という沼地に落ち込んでしまうのです。

実際には、「失業」という事象一つ取っても、その背景には労働問題があったり、ハラスメントがあったり、それを起因とする精神疾患の問題があったりと、さまざまな要因が重なっている場合が多いのです。

失業状態から抜け出すため、なにがなんでも職にありつこうと劣悪な労働環境でも我慢する。そのせいで健康状態を悪化させてしまう。このように、貧困状態であるがゆえにリスクを背負わざるを得ない状況に追い込まれることもあるのです。

貧困は重層的な問題

貧困の「要因」でもあり、「結果」でもある

　さまざまな要因が重なり、それぞれが重層的、かつ複雑に連鎖してしまうのが貧困の特徴です。雇用の問題、家族の問題、暴力、病気、住まい、差別、孤立……。私たちの社会に存在するさまざまな問題が、貧困問題の背景にあるのです。

第10章　バッシング

「自分の母親が生活保護を受けているということについてどんな気持ちですか?」

テレビの生放送の記者会見で、レポーターが興奮気味に尋ねた。おびただしいカメラのフラッシュにさらされて、お笑い芸人の男性は涙ながらに謝罪した。

「むちゃくちゃ甘い考えだったと深く反省しております」

「自分の母親が生活保護を受けているということは、正直、誰にも知られたくなかった」

2012年4月、女性誌が、匿名でお笑い芸人の母親が生活保護を受給していることを報道した。その後、各週刊誌やワイドショーなどでの報道が相次ぎ、やがて実名での報道がはじまった。5月に入ると、国会議員がブログやTwitterで言及する事態にまで発展し、同月25日には、テレビで全国中継されるなか、渦中のお笑い芸人が記者会見をおこなった。

「税金を負担してくださっているみなさんに申し訳なく思っています」

会見に同席していた弁護士の男性は、今回のケースはいわゆる「不正受給」にはあたらず、あくまで「道義的な問題」と説明していた。民法上に「扶養義務」というが、実際の生活保護法上の運用では家族の状況はさまざまで、「扶養は可能な限りおこなう」のが一般的だ。このお笑い芸人の場合は仕送りなども所轄のフクシと相談しながらおこなっていたというから、法律上は不正受給にはあたらない。だとすれば、この「道義的な問題」とはなんだろうか。

生活保護を受給すること自体が道義的な問題なのか。それとも、高額所得者でありながら母親を援助しなかったことが問題なのか。母親と親密な関係であったのに援助しなかったことが問題なのか。もしくは、母親からの暴力があるなど、劣悪な関係性であったのならば認められたのか。

結局、いくら考えても納得のいく答えは出なかった。

２０１２年４月にはじまったいわゆる「生活保護バッシング」は、その後の生活保護をめぐる法改正への布石となった（詳細は後述する）。でも、当時の僕はそんなことを知る由もなく、画面の中のお笑い芸人が涙ながらに絞り出す言葉を聞きながら、ただただ暗い気持ちになっていた。

＊

２０１２年４月から、僕はもやいの有給スタッフになった。

もやい自体には震災後、ラビちゃんに誘われて本格的に関わるようになっていたのだが、基本的にこの時まではボランティアだった。

もやいは日本国内の貧困問題に取り組むＮＰＯ法人で、生活困窮者への相談支援の活動のほか、ホームレスの人やネットカフェ難民といった、住まいを持たないホームレス状態の人たちがアパートに入居する際に必要な連帯保証人を提供する事業などもおこなっている。

「連帯保証人を引き受ける」というのは、言うは易しだが、初めて聞いた時には本当に驚いた。見ず知らずの、しかも駅や公園で寝泊まりしているおじさんの保証人だなんて……。もちろん、保証人がいるからこそアパート生活にまでたどり着ける人がいるのだろうが、あまりにも思い切った活動だ。具体的には首都圏を中心にのべ約２３００世帯の連帯保証を引き受けており、現在でも多くの人を支援している。もやい自体は新宿区に事務所があるものの、カバーする地域は東京23区にとどまらず、首都圏全体に及んでいる。

こういう事情もあり、２０１１年からもやいに関わるようになって、僕の新宿エリアを中心とする路上のおじさんメインの相談活動も、必然的に都内全域に活動領域が広がった。もやいには年間約３０００人もの相談が寄せられるため、１日に７〜８人と面談なんてこともざらだし、息つく暇もない。僕にとっての２０１１年は、文字通り「相談」漬けの一年だった。

ただ、自分の活動領域が広がることはよかったのだが、現実問題、量的にも質的にも、僕自身のキャパを超えるような相談が寄せられるようになっていたのも事実だ。自分の電話番号が路上に出回り、会ったことがない人から相談の電話がかかってくるようになっていた。移動中でも就寝中でも関係ない。特に、公衆電話からかかってくるような非通知の電話には対応しづらいこともあった。そういう意味で、個人で相談を受け続けることの限界を感じた年でもあった。

それに、何よりもお金。僕はアルバイトをしながら相談支援を続けていた。居酒屋やバーで勤めていたから、夜に働くことが多かった。体力的にもつらかったし、将来に対する不安もあった。でも、支援の現場の空気感は自分にも合っていたし、いろいろな人と出会えるのは楽しかったから、続けたいとは思っていた。ただこのままでは、それこそ支援する立場にいた自分が支援される側になるという、笑おうにも笑えない状況になりかねなかった。

そんななかでの有給スタッフとしてのオファーは、正直言ってこの上なくありがたい話だった。

バイトそっちのけで一日中フクシの職員とやり合っていることもあったし、つき合っていた彼女にも愛想をつかされ破局してしまっていたし、友人とシェアしていたアパートの家賃を納められずに追い出されてしまったし、どう考えてもまずい状況だった。実家の母を頼ろうにも、すでに父は亡くなっているから申し訳なさすぎて選択肢にはできない。

だから、このオファーを断る理由はまったくなかった。

でも、僕は葛藤していた。

もやいは、その収入の7~8割を個人からの寄付でまかなっている。多くの人に賛同してもらい、支援してもらうことで成立している団体だ。それに、もやいに寄付していているのは必ずしもリッチな人たちばかりではない。自分自身が明らかに困窮しているであろう人が、しわくちゃの1000円札をカンパしてくれることもある。そうして集まったお金でもやいは事業をまわしている。

果たして自分に、そうやって集まったお金を、一部とはいえもらう価値があるのだろうか。相談を聞いて、お金をもらう。それってどうなんだろう。フクシの相談員やケースワーカーのように、支援を決定したり支給額を決めたり、関係機関と協議して支援計画を立てたりするような責任のある仕事をしているわけでもない。時に路上で一緒にカップ酒を飲み、話を聞き、時に自腹を切り、フクシに一緒に行く。それを繰り返しているだけなのに。そういう気持ちがあったからこそ、お金をもらうことに対して、後ろめたい気持ちがあった。

そんな時、ラビちゃんが僕に言った。

「もやいはね、貧困を社会的に解決することをミッションに掲げているんだ。だから、もし日本の貧困が解決したら僕たちは解散する。つまり、解散するために活動しているんだね。僕たちが解散できるためには、貧困が解決されるためには、もやいだけの力では無理だよね。年間に3000人の相談を受けていると言ったって、困っている人ははるかに多くいるだろうし、その3000人だって、基本的には公的な制度を利用して生活をなんとかすることになる。僕たちが金銭を給付するわけではないし、シェルター自体を持っているわけでもない。一つの団体でできることは限られているんだ。だから、この『社会的に』というのは、社会の仕組みや価値観、地域、自治体、国の方針やシステムを変えていくことを意味しているんだよ。きみが日常的に相談を受けていてあっぷあっぷしている状況を変えるために、何が必要だと思う？　相談を受けずに済むような社会にしないといけないんだよね。困っている人が支援団体や同行者を必要としなくても、ちゃんと支援されるような仕組み。それを目指しているのが、もやいなんだ」

「貧困を社会的に解決する」――。

この言葉が、胸の奥深くに突き刺さった。

社会の仕組みやあり方、価値観を変えていく。僕たちの活動が必要じゃなくなるために、僕たちの仕事や役割がなくなるために全力を尽くす。そして、それはたぶん、一人ではできないことだ。

「支援の現場に携わりながら、社会の仕組みを変えていくんだ。上流で蛇口が開きっぱなしだと、どれだけ下流で水をせき止めようと思ったってきりがない。どちらも必要なんだ。そして、資金や人手が限られたなかでその両方をやるためには、生活のことを考えずに活動に専念し、蛇口を止めるために力を尽くす役割の人が必要なんだよ。僕も自分がこの活動をお金をもらってやっていていいのだろうかと自問自答することがある。でも、その上流の水をせき止められる立場にもし自分がいるのであれば、これはもう、全力を尽くすしかないんだよね。見てしまったものを見なかったふりはできない。知ってしまったものを知らなかったとシラをきることはできない。僕にもきみにも、この世界に飛び込んだ責任があるんだ」

ラビちゃんの言葉には力があった。これは、社会を変えていくための「仕事」。そして知ってしまったからこその「責任」。とても重い言葉だったけど、気がつけば不安や疑念は吹き飛んでいた。

こうして僕は、もやいの有給スタッフになることを決意した。

*

もやいでの週3回の勤務は、火曜日の生活相談、水曜日と金曜日の入居支援、たまに電話相談のサポートといったものだった。それ以外の曜日はこれまで通り、日曜日に新宿の炊き出しと夜回りに行き、月曜日は新宿でフクシ行動をおこなった。

もちろん個人的に連絡が来ればできる範囲でそれに応じた。自由に動ける時間は減ったが、その分、個人ですべての相談を受けるのではなく、ほかの団体と連携したり、別のスタッフに仕事をふったりするなど、どうやったらこの事業を仕組み化していけるのか、ということを考えるようになった。僕のなかで、支援に対するフェーズが変わったのかもしれない。

そんななか、同時期4月からメディア等で爆発的に取り上げられるようになった例のお笑い芸人の不正受給問題は、僕たちにとって脅威以外のなにものでもなかった。

報道合戦が連日繰り広げられ、国会議員までもがそれに参戦し、国会質問のなかでまで取り上げられるようになった。あるワイドショーでは生活保護についての街角インタビューなどもおこなわれたし、お笑い芸人の事例を超えて、生活保護という制度自体についての報道も増えていった。

〇〇市で不正受給があった、××区で生活保護受給者がタクシーで通院していたなど、それが適法なのかどうかといった検討をおこなうこともなく、「生活保護」や「不正受給」といった言葉がひたすら消費されていった。それにともなってか、「不正受給が増えている」「悪質な事例が増えている」「生活保護受給者は怠けている」などの言説が、ネット上にもあふれかえるようになっていた。

もやいでおこなっている居場所づくりの活動「サロン・ド・カフェ　こもれび」には元路上生活者や生活保護の利用者の人たちが多く訪れてくる。彼ら・彼女らは、みんな不安な声をあげていた。

「テレビをつけるのが怖いです。出かける時も、周りの人に後ろ指をさされていないかが気になって。最近は引きこもりがちになりました……」
「大家さんに家賃を納めに行ったら、あんたたちは社会の恥だ！　って、怒鳴られちゃって……」
「この前、テレビのクルーがD区のフクシに来ていて、支給日に並ぶ人たちを撮っていたんです。もちろん、モザイクは入るんでしょうけど、それ以来、テレビを見るのが恐ろしくなりました」

もちろん、なかには深刻に受け止めすぎていたり、なかば妄想じゃないかと思うようなものも含まれていたりした。でも、現実に彼ら、彼女らの多くが生活保護バッシングに本気で怯え、不安を覚え、日常生活に支障をきたしていた。

「担当のフクシのケースワーカーから、扶養照会について厳しくすると言われました。でも、私はDVで逃げてきたんですよ？　旦那に連絡されるんじゃないかと心配で……」

「私たちは、恥ずかしい存在なのでしょうか。迷惑な存在なのでしょうか。苦しいです」

電話、ネット問わず、全国からも多くの声が寄せられた。なかには、「死にたい」と言ったきり電話越しで泣き崩れてしまう人もいた。統計で見ると、生活保護利用者の多くは高齢者や傷病・障がいをかかえた人たちだ。精神的な不調に悩まされている人も少なくない。過熱する報道や世間の眼差しによって、健康をより一層害してしまった人もいた。

そして、もやいにも、「不正受給を幇助している」「生活保護の受給者を増やして税金を無駄遣いしている」といった中傷が届くようになった。

「あなたたちは、なんでも生活保護、生活保護って。言ってて恥ずかしくないんですか？」

「税金を使って生きているやつらを囲って金を巻き上げてるんだろう！　偽善者め！」

こういった誹謗《ひぼう》中傷は、相談窓口の電話にまで紛れ込んできた。電話対応をしているスタッフやボランティアたちも、どんどん疲弊していった。

でも、何より大きかったのが、政治的な動きが目に見えて加速したことだ。この一連のバッシングに大きく関わった国会議員が所属する政党主宰の、生活保護に関するプロジェクトチームは、生活保護に関する改革案を4月に提言していた。そこでは、支給基準を10％カットすることや、お金ではなく食料などの現物給付にすることなどが盛り込まれたほか、議論のなかでは、就労可能な人は生活保護受給期間を有期にする、などといった話も出たそうだ。

まず、「支給基準の10％カット」。これは、とても大変な話だ。確かに、生活保護が財政を圧迫しているという議論はある。しかし、ある日突然あなたが、会社から給料を10％カットすると言われたら、きっとたまったものじゃないだろう。しかも、生活保護基準というのは生きていくための、ただでさえギリギリの額だ。都内で言うと、生活費だけでも1か月で約7～8万円かかるだろうか。その10％といえば、相当な重みを持ってくる。多くの人がまっさきに食費を削るだろう。冷暖房を抑えたり、外出をひかえて家に引きこもるかもしれない。高齢者や傷病・障がいを持つ人にとってみれば事態はさらに深刻で、最悪、死活問題になりかねない。

そして、生活保護基準が下がるということは、最低賃金の下限も下がるなど、生活保護以外のほかのさまざまな制度にも大きな影響を及ぼすのだ。誰にとっても決して他人事ではない。

次に、食料などの現物支給。これは現実には難しいはずだ。コメの配給にするのか、一部のお店でしか使えないクレジットカードのようなものにするのかわからないけれど[*16]、何を食べるか、食べられるかは人によって違う。それに、そういった配給のほうが間に業者が入って中間マージンをとるなど、余計なコストがかかる可能性が高い。

最後に、就労可能な人の生活保護を有期にするというものだが、もし仕事先が見つからなかったらその人はどうなるのだろう。僕が知り合ったホームレスのおじさんや生活困窮者の多くは、可能なら仕事がしたいと希望している人たちだった。でも仕事が見つからない。有期化の議論は、結果的に生活保護が必要な人を機械的に締め出すことにつながりかねない。

これらの提案は、あくまで一つの党のなかでの議論にすぎなかった。しかし、メディアが煽りに煽った生活保護バッシングという潮流は、政策決定の場にまで大きな影響力を持っていくことになる。支援団体にいる僕たちは、半ば絶望感を持ちつつも、その流れに抗おうとしていた。

＊

「生活保護は最後のセーフティネットだ！」
「国は当事者の声を聞け！」

生活保護バッシングが吹き荒れるなか、もやいをはじめとする支援団体、法律家などは生活保護についての誤解や偏見が広がらないようにと、さまざまなアクションを起こしていた。議員会館に出向いて国会議員に直接生活保護利用者の声を届ける活動をしたり、生活保護バッシングにより不安を感じている人への相談会を開いたりした。

しかし、生活保護の利用者が、つまり当事者が声をあげるというのは並大抵のことではない。身近な人、近所の人に知られたら恥ずかしい、世間の目が怖い、フクシのケースワーカーにいやがらせをされるんじゃないか……。彼ら・彼女らの生活を支えていたのは、まぎれもない「生活保護」そのものなのだ。だからこそ、それを支給する国や納税者である世間に対して声をあげる勇気を持つ人は、本当に少なかった。ただ、一部のメディアでは僕たちの声を報道してくれた。しかし、残念ながら、そういった声は必ずしも政策に反映されたとは言えない。

「わかりました。いただいたご意見はしっかりと検討させていただきますから」

「必要な人が生活保護を受けることについては、何も反対なんかしていませんよ。あくまで、悪質な事例に対処するために生活保護制度の改革が必要なんです」

官僚も政治家も、話は聞いてくれた。でもそれは本当に、聞いてくれただけだった。

こうして2012年8月、「社会保障と税の一体改革」の名のもとに、「社会保障制度改革推進法」をはじめとする関連8法案が可決された。この法案は、日本の社会保障を、そして生活保護をはじめとした生活困窮者支援施策にとって、大きな転換点と言えるものだった。

この時ほど、自分たちの無力さを痛感したことはなかった。

＊

「生活保護、ありがとう」

ある支援団体が主催するイベントで登壇した女性は、現在、生活保護利用中だという。彼女は震えながらも、自分の気持ちを壇上から伝えた。

「私は病気になりました。支えてくれる人もいないし、頼れる人もいなかったです。だから生活保護を利用しました。生活保護に助けられて、支えられて、いま生きています。もし生活保護がなかったら、いまの私はありません。そして、この制度を必要とする人は、これからもたくさんいると思います……」

彼女の言葉に異議を唱える人が、どれくらいいるだろうか。必要な人が必要な制度を利用する。それは、当たり前のことだ。きっと、誰もが賛同するに違いない。でも、必要か必要でないか。この二つの間に、どれほどの違いが、どれほどの差があるのだろうか。正しい線引きは、誰がしてくれるのだろう……。

イベントが終わったあと、新宿の夜回りにそのまま参加した。すると突然、10年以上もホームレス生活をしているなじみの男性に話しかけられた。

「おお、大西！　お前が出ている新聞の記事を読んだぞ。若造のくせに偉そうなことぬかしやがって。だいたいなあ、生活保護なんて怠けているやつが使ってんだ。俺はたくさんそういうやつを知ってるぞ。あんなやつらと一緒にされたらたまらねえ。だから俺は生活保護が大っ嫌いなんだ！」

彼は吐き捨てると、新宿東口のサブナードに続く階段を下っていった。酔っ払っていたのか、語気が少し荒かった。その日の夜回りの間、ずっと僕は彼の言葉を反芻《はんすう》していた。

多くの人が叫ぶほど、本当にいまの生活保護制度は必要でない人が過剰に利用しているのだろうか。僕が相談を受けてきた限りでは、ほとんどの人は本当にそれが必要な状況だったと思う。もちろん、なかには眉をしかめたくなる人もいたけど、それは一部も一部だし、その人にだってきっと制度が必要になった背景や事情があったはずだ。

さっきおじさんが言っていた「あんなやつら」って、いったい誰のことなのだろう。彼の知っている人には、それこそ不正受給しているような「あんなやつら」がたくさんいるのだろうか……。もし、「あんなやつら」が本当にたくさんいるのなら、それこそその人たちを取り締まり、制度設計だってきちんと適切なものにしていくべきだろう。

でも、今日のイベントで話していた女性のように、どうしようもない事情の人だっている。それに、彼女は持病があると言っていたが、見た目には健康そのもののようだった。生活保護の利用者であることを打ち明けられなければ、まったく気がつかなかったかもしれない。

210万人以上（2015年当時）が利用する生活保護制度。日本人の約60人に1人が使っている計算だ。単純に考えたら、いま僕が歩いている新宿駅のホームにだって何十人も生活保護利用者がいることになる。みんながみんな駅で寝ているホームレスのおじさんのように、一目で困窮しているのがわかるような人ばかりではない。イメージとはかけ離れた人たちがたくさんいる。

さっきのホームレスのおじさんが言っていた「あんなやつら」というのは、ホームレスの人や生活困窮者、生活保護利用者の一部でしかないし、同様に、あのイベントで話していた女性のような、やむにやまれぬ事情で生活保護に支えられている人も、やはり一部にすぎない。

２１０万通りの貧困のかたちが、たぶんあるんだ。

考えれば考えるほど、頭が痛くなってくる。一人ひとりの置かれている状況や歩んできた道のりは違う。それなのに、僕たちはわかりやすいかたちを求めたがる。そのほうが、誰を助けるか、誰を助けないのかの判断が楽だから。

そして、どう見ても困った状態にある人でも、誰が見てもかわいそうな状況にある人であっても、次の瞬間には、自己責任としか言いようのない、眉をしかめたくなるような行動を起こすことがある。僕はそういった瞬間をたくさん見てきたし、ある程度は裏切られることも仕事のうちだと思って割り切ることにしている。

彼らにかわいそうなふるまいを期待するのはたぶん、いつだって僕らの側だから。「生活保護＝こんな人」「貧困＝こんな感じ」なんて図式は成立しない。一人ひとりに向き合うしかない。そして、それと同時に、制度や政策、社会の仕組みについてはある程度、普遍化していく必要がある。たとえば「○○な人が多いから××な政策を」というように。

僕たちは、この二つの相反するものをどうやってまとめていったらいいのだろう。そして、どのように貧困という目に見えない問題をとらえていけばいいのだろう……。

気づけば池袋で降りるのを忘れて、ずいぶん遠くまで乗り過ごしてしまった。ホームの時計を見ると、もう終電はない。初めて降りる駅の改札を抜けると、段ボールで寝床を整えているおじさんと目が合った。

彼に安いネットカフェを教えてもらおう。僕は自販機で缶コーヒーを2本買った。

＊

2012年8月。「社会保障制度改革推進法」が制定された。

これは、この国の社会保障の将来的な方向性を定めたものであるが、附則の第2条には、生活保護をはじめとする生活困窮者施策に関して次のような記述がなされている。1項においては、「不正受給対策の強化」「生活保護基準の見直し」「就労の促進」が掲げられ、2項においては、「貧困の連鎖の防止」「就労可能層への支援制度の構築等」が明記されたのだ。

そして、この記述をもとに、「不正受給対策の強化」としては、13年12月に生活保護法の改正、そして「生活保護基準の見直し」としては、13年8月より生活扶助基準（生活保護の生活費分）の段階的な削減が断行され、その2年後の15年7月からは住宅扶助および冬季加算の削減もおこなわれた。

「就労の促進」については、13年5月に「就労可能な被保護者の就労・自立支援の基本方針」という通知により、稼働年齢層（15歳から64歳まで）の生活保護利用者に対し、生活保護開始から3〜6か月以内に、低額でも必ずいったん就労することが求められるようになった。

そして、「貧困の連鎖の防止」に関しては、13年6月に成立した「子どもの貧困対策法」に、「就労可能層への支援制度の構築等」に関しては、13年12月に成立した「生活困窮者自立支援法」へとつながっていく。

この「社会保障制度改革推進法」は、社会保障の税源を明確化したり、国の責任や方針を明らかにした、という意味では評価ができるだろう。しかし、生活保護をとりまく最低生活保障の部分に関しては、正直、かなり厳しい内容となった。

生活保護は文字通り、生活に困った時の最後の砦。その最後のセーフティネットが、財政的にかなり削られてしまうことになった。２１０万人を超える人の生活に大きな影響をもたらしたほか、その後の生活保護をめぐる議論にも大きな影を落とした。

生活保護バッシングが吹き荒れた２０１２年は、良くも悪くも生活保護をとりまく環境を一変させた最初のきっかけとなったのだった。

*

生活保護バッシングが吹き荒れるわずか数か月前。２０１２年1月。札幌市白石区のとあるマンションの一室で、２人の女性の遺体が発見された。

部屋に住んでいたのは40代の姉妹。料金滞納で電気・ガスは止められ、冷蔵庫のなかは空っぽ。ちなみに42歳の姉は脳内血腫で病死、そのあとに亡くなった知的障がいのある40歳の妹はやせ細った状態で凍死していたという。

そして実は、その後の報道で、この姉妹が約1年半前から3回にわたり区役所へ生活相談に訪れていたことが判明した。

しかし、結果的に生活保護の申請にはいたらず、2回目の相談にいたっては非常用のパンの缶詰を手渡されたのみだったことがわかった。

遺された姉の携帯電話には「111」の発信記録がいくつも残されていたという。知的障がいを持つ妹が、姉が倒れたあとに、何度も何度も、救急や警察などの助けを求めようとしたのだろう。

そして、その声は届かなかった。

生活保護は、本当に過剰に支給されてきたのだろうか。手厚すぎたのだろうか。

少なくとも、必要な人に支援はまだ届いていない。

*16―アメリカでは低所得者向けの「フードスタンプ」（金券同様に使える食費補助のためのカード）を導入している。4000万人以上が利用していると言われるが、月額100ドル程度なので、あくまで家計の補助的な扱いとして使われる。また故意の紛失による再受給の問題などもある。

エピローグ

「こんなアリジゴクみたいな生活、続けたい人はいないですよ。生きているのか死んでいるのか、自分でもわからなくなる時があるんです。このまま5年後、10年後、自分はいったいどうなっているんだろうって……」

彼はそう言うと大きなため息をついた。

２０１２年10月。時刻は22時。新宿西口にあるマクドナルドは、飲み会後の大学生や深夜バスを待つ若者でにぎわっている。

パリッとアイロンをかけたシャツにさっぱりとした髪型。黒のスーツに身を包んだ30代前半の彼は、一見したら住まいを持たず、ネットカフェで寝起きしているような人には思えない。僕のほうがむしろみすぼらしく見える。

「5年前に愛知の工場の仕事の契約が切れて、こっちに戻ってきたんです。いまどき正社員の仕事なんて見つからないですよね。この間、仕事は何回か変わったけど、生活は何も変わらない。ネットカフェに泊まって、スーツを着て、出勤する。その繰返しです。仕事は基本的にデータ入力。事務の補助みたいなやつですね。決められた仕事を決められた時間内にこなす。慣れたもんですよ。でもこんな仕事、それこそサルでもできます。自動でデータを読み取れるソフトかなんかができたら一発で失業でしょうね」

彼の乾いた笑い声は、隣の学生たちのはしゃぎ声にすぐにかき消された。目の前のコーヒーを一口すする。冷めてしまったせいか、やけに苦く感じる。

「生きていく希望が何もないんです。いまの仕事をしていれば生きていける。一応、収入があるから。アパートを借りるまでお金を貯めるのは大変だけど、とりあえず生きていける。そう、とりあえずは。でもほんと、生きているだけなんですよ。遊びに行ったり、それこそ結婚したり、家庭を持ったり……。昔は彼女もいたんです、これでも。でも、そういうのはもう、無理です。ネットカフェと職場を往復する毎日。今日だって、人と話をするのひさしぶりなんですよ。もちろん、職場でも会話はありますよ。でも、僕が職場でなんて呼ばれていると思います？　ハケンさん、ですよ」

急に押し黙ってしまった。何か、こみあげてくるものがあるのだろうか。僕は、ただ黙って次の言葉を待った。金属のスツールの冷たい感触が太腿に伝わってくる。

「……自分でも、わかってるんです。こんな生活を続けていたら未来なんかないって。でも、いまはこれを続けるしかない。ほかに方法なんてない。いまはこれでいいんです。でも、もし仕事をクビになったり、具合が悪くなったりして困ってしまったら……。もちろん、使える制度があるのも、役所でそういう話ができるのも知ってます。でも、それを使うのは少なくともいまじゃないんです。確たることは言えないんですけど、いまはこれでいいんです。いまはこれで……。なんだかすいません。一方的に話してしまいましたね」

そう言うと彼は立ち上がり、手早く目の前のトレイを片づけていく。

「話を聞いてくれてありがとうございました。わざわざ時間をとってもらって。ハケンさんじゃなく名前で呼ばれたの、何か月ぶりかでした。なんだか照れくさいような恥ずかしいような、くすぐったい感じですね。明日も朝が早いんですよ。ほんと人使いの荒い会社でして。ハケンさんなんで仕方ないんですけどね。もし何かあればまた連絡させてください。今日はありがとうございました」

彼は言いたいことを言い終わると、そそくさと店を後にした。僕は彼の後ろ姿を見送り、手に持っていた生活保護の申請用紙をそのままカバンに戻した。

やるせなさだけが、つのる。

店を出て、駅に向かって歩きながら考える。今夜、彼はいったいどこのネットカフェで夜を明かすのだろうか。彼と同じように帰る家を持たず、ネットカフェで寝泊まりする人は、この街にどのくらいいるのだろうか。

外に出て初めて気がついたが、秋の風が頬に心地よい。飲み会後なのか道端でサラリーマン風の男性が同僚に介抱されていた。富山行と書かれた大きな夜行バスが目の前を通り過ぎる。旅行にでも行くのだろう、バスを待つ若者たちのにぎやかな笑い声が聞こえる。ネットカフェで寝泊まりする若者たちと、これから旅に出ようとする若者たちとの間に、いったいどんな違いがあるのだろうか。心なしか僕の歩みも速くなる。

「アリジゴクみたいな生活」

店を出てからずっと、彼の言葉が耳にこびりついて離れない。

僕がこの世界に入ってから、もうすぐ3年。

自分とは違う世界の話だと思っていた「貧困」は、いざ足を踏み入れてみると、びっくりするくらいすぐそばにあった。「あちら」と「こちら」の境界はあいまいで、そして、きっと地続きだ。

だからこそ、ちょっとしたきっかけで、僕たちはその境界を踏み越えてしまう。いや、そもそも、もしかしたら、そこには初めから境界なんてなかったのかもしれない。

ひょんなことから貧困の最前線に降り立った僕は、気づけばもう、あと戻りできないところまで来ていた。この3年間で多くの人に出会った。多くの人生を知った。そこで話した彼らの、彼女らの苦しさや生きづらさ、涙、笑顔、そして言葉を、忘れてはいけないだろう。

「貧困ってなんだろう」

この問いに対する明確な答えを、僕はいまだに持ち合わせてはいない。これは、これからも僕が向き合わなければならない大きな宿題だ。

僕は、この日本という社会のなかで、そして新宿の路上で、貧困という問題に気づいてしまった。そこで生きる人たちの人生を知ってしまった。知らなかったふりをして生きていくことは、もうできない。ため息ばかりの毎日だ。でも、前に進まないといけない。

いまこの瞬間も、誰にも見えないところで、苦しいけど、なんらかの理由で助けを求められずにいる人たちが、たくさんいる。そして、それを社会的に解決するためにはどうするのかを考える。

それが、いま僕がすべき仕事だ。

ふとなんともなしに空を見上げたら、月はおろか星も見えず、ただぽっかりとあいた暗く大きな穴が、いまにもこちらをのみ込もうとせり出してくるかのように見えた。

答えはわからない。いまはまだ、わからない。

気づいたら僕は、駅に向かって走り出していた。

あとがき

この本の企画がスタートしたのは約3年前。一文字も書くことができないうちに2年の歳月が流れ、本格的な執筆がはじまったのは2015年に入ってからというグダグダっぷりでした。

「貧困」をテーマに書く。それは、とても難しいことでした。もちろん、これまで多くの人の生活相談にのってきたし、たくさんの出会いがありました。でも、その体験を僕というフィルターにかけ、恣意性《しいせい》を持った「ストーリー」として「書く」ことに違和感があったのです。また、自分自身のことを語ることにも、激しい抵抗がありました。

この本の登場人物は実在する人物をもとに、事実をもとに書かれています。もちろん、ディテールを変えたり、脚色したり、時系列を変えたり、何人かの話を組み合わせ、一人の人物として描いたものもあります。何を残し、何を削るのか。何を伝え、何を伝えないのか。その取捨選択をどのような価値基準でおこなうのか……。書きながら迷走する日々でした。この本を読んで、いままさに貧困状態におちいっている人、ホームレス状態の人や、過去に貧困状態におちいっていた人などが、いったいどのような気持ちになるだろう。同じ業界で頑張っている支援団体などの関係者の人たちはどう考えるだろう。率直に言って、不安との戦いでした。

また、この本で触れることができなかった人はまだまだたくさんいます。障害をかかえる人、シングルペアレントの人、施設出身の若者、セクシャルマイノリティの人などなど。もちろん、続編を書く機会があったら、ぜひ書きたいとは思っているのですが、さらなる関係各位への迷惑と自らの力不足を痛感させられる気もするので、実現しないかもしれません。

しかし、この原稿と向かい合うことは、「貧困ってなんだろう」「僕がしていることってなんだろう」「あの時どうしてこんな気持ちになったんだろう」と、自分に問いかける行為そのものでした。このような機会をいただけたことに、心から感謝しています。

2010年に「貧困」にまつわる活動に参加してから5年。いまだに毎日が新しい発見の連続で、その都度、自らの非力さ、いたらなさ、解決への道のりの遠さを痛感しています。

この本は、これまでの5年間に出会ったすべての人の顔を思い返しながら、そして、勝手にですが、彼ら、彼女らからバトンを託された想いで、少しずつ書き進めました。しかし、もともとはこの5年間を一冊にまとめる予定だったのが、最終章の段階で2012年までしか到達しておらず、あらためて密度の高い日々、そして経験を積み重ねてきたことに気づかされました。

ポプラ社の担当編集の天野潤平さんは、本当に粘り強く、あきらめずに、そして見捨てずに僕に伴走してくれました。同じく編集の斉藤尚美さんにも多くのアドバイスをいただきました。そして、原稿が進まないこともあり、執筆のために本社2階奥のスペースを貸してくださり、折に触れて話し相手になってくれたポプラ社のみなさまに、心からの感謝を申し上げます。週に2回、半ば強制的にそこに通うことを求められていなかったら、この本は完成していなかったことでしょう。未熟な僕に光栄な機会を与えてくれたことにも恐縮するばかりです。そして、書くことをあと押ししてくれたという意味で、友人の大野更紗さん、荻上チキさんにも大きな力をもらいました。

また、僕の友人であり同志であり、この本の最重要人物の一人であるラビちゃんこと稲葉剛さん。稲葉さんの存在なくして、いまの僕はありません。文字通り、ゼロからの質問攻めに、少しいやな顔をしつつも、いつも丁寧に応えてくれました。さらに、弁護士の小久保哲郎さんには法律的な面での助言をいただきました。小久保さんは2010年に『すぐそこにある貧困――かき消される野宿者の尊厳』(法律文化社)を共著で上梓されており、野宿者をとりまく代表的な訴訟などを当事者・法律家の視点から書いています。未読の方はぜひ手に取ってみてください。それから、もやいの仲間たち。新宿時代の夜回り仲間や、ともに相談に勤しんだ全国の支援団体の仲間たち。みんなと多くのことをともに学び、時に怒られ、少しずつ成長することができました。感謝してもしきれません。

そして、新宿の路上や、各支援団体の相談会、もやいの相談事業で出会ったすべての人たちへ。相談を受けているはずの僕が、むしろ逆に支えられてきたのだと、この本を書きながら実感しました。心からの感謝と尊敬を捧げます。

母や兄、そして亡き父にも大きな感謝を。特に本の虫だった亡き父は、この本の完成を草葉の陰で見守ってくれていることでしょう。有形無形に、僕を常に支えてくれました。

最後に、この本を手に取ってくれたすべてのみなさまに。なかには、いま生活に困って苦しんでいる人もいるでしょう。貧困問題に関心があったり、自分もアクションを起こしたいと思っている人もいるでしょう。もちろん、「こいつの言うことは間違っている！」と思った人もいることでしょう。さまざまな価値観を受け入れたうえで、すべての人が安心して暮らせる社会をつくるために何が必要なのかを考える。そのきっかけやヒントの一つにこの本がなってくれたならば、これ以上の幸せはありません。

貧困ってなんだろう。支援ってなんだろう。僕たちにできることってなんだろう。

まだまだ、わからないことばかりですが、僕は前を向いて進んでいきます。

きっと社会を変えていくことができると信じて。

２０１５年８月　大西連

対談

「自己責任」と説教しても、貧困問題は解決しない

柏木ハルコ×大西連

「貧困」を描く難しさ

大西　今回は、僕の初めての本『すぐそばにある「貧困」』の記念対談ということで、漫画家・柏木ハルコさんとお話していきます。

柏木　よろしくお願いします！

大西　柏木さんは、生活保護に向き合う新米ケースワーカーを描いた『健康で文化的な最低限度の生活』をお描きになられていますが、実はもやいにも取材にいらっしゃったんです。とにかくすごい取材量で、今や生活保護手帳まで読めるようになっている。もやいの生活相談に入っても即戦力でしょうね。

柏木　いえいえ（笑）。ありがとうございます。大西さんは、初の単著なんですね。おめでとうございます。貧困の問題を扱っているのに、とても読みやすい本でした。

大西　ありがとうございます。今回、読みやすさを意識しました。実は、『シノドス』（ウェブサイト）でもおなじみの日本近現代文学をやっている荒井裕樹《ゆうき》さんに、「大西さんの書いたものは読みづらいです」と言われたことがあって（笑）、すごくその部分は意識したんです。

初の本なので、新書的に制度を説明したり、理論を紹介する本にしようかとも考えていたのですが、そうではなく「貧困」や「生活保護」のような、普通に書いたら難しくなってしまうテーマを、入門編として読みやすく書こうと挑戦しました。

柏木　高校生の大西さんが終電を逃した日の出来事からはじまるのですが、物語にスッと入れました。生活保護制度の説明だけではなく、エピソードが中心になっていますよね。今まで興味を持てなかった人も読みやすいでしょうね。

しかも、深刻なテーマなのに、エピソードもすごく面白かったです。特に、第7章のネコの話（笑）。笑っちゃいけないんだけど、笑っちゃいました。

大西　いやぁ、もうあれは、本当に大変だった……。

柏木　私も漫画を描くとき直面しているのですが、貧困って、頭ではわかったつもりになっても、リアリティを感じにくい。それに、一人ひとり置かれている状況が全然違います。

その点、大西さんの本は、ネコの話もそうですが、大西さんが出会った方とどう関わったのか具体的に描かれているところ、「大西さんと○○さんの物語」になっているところが、今までにない点だと思いました。

大西　今までの「貧困」の書き方は、悲劇に見舞われ続けたかわいそうな人だったり、貧困状態から脱却できたぞ！　といった成功事例を書きがちです。わかりやすいし見せやすいですから。NPOなどでの発信でも、成功事例を大きく取り上げることにより新聞等に掲載され、多くの方に情報を届けることを優先してしまうこともあります。

でも、そういった「成功事例」というのは必ずしも多くの相談、多くの人の出来事ではなくて、特別な事例だったりもします。当たり前なんですが、支援の現場は、キレイな話ばっかりじゃない。成功事例やいい話に落とし込めない難しさとか、うまくいかなさとか、そういうのがあっての面白さのほうが大半ではないのかなと。

柏木　よくわかりますよ。

大西　誰が悪いってわけでもないのに、どうしてうまくいかないんだろうって。いったい答えってなんだろう。それを、そのまま書いてみたいと思ったんです。

僕自身、説教臭いのが嫌いなんですよ。中二病だからかもしれませんけど（笑）。貧困系だとどうしても「政府が悪い」みたいなメッセージになっちゃいがちで。政府は確かに悪いとは思いますが（笑）、どう悪いのか、何がうまくいかない原因なのか、メッセージを入れないことで、よりメッセージが伝わる気がしています。

個人じゃ限界があった

柏木　なにも知らない若者であった大西さんの周りでどんどん事件が起き、それと一緒に、貧困問題について考えていけるような本になっていますよね。いまは、もやいの理事長をされている大西さんも、はじめは生活困窮者の支援を「甘く考えていた」というのが興味深かったです。

大西　僕は、貧困のことについて全然知らずにこの世界に入りました。生保＝生命保険、だと思っていたタイプです。実際に支援に参加するまでは、ホームレスの人が「支援受けたい」と言えば、ちゃんとしたアパートに入れるんじゃないかと思っていました。「どうにかなるでしょ。日本だし」って甘く考えていたんですね。

で、実際に役所の申請に同行したら、窓口の人は冷たいし、ぼくのような同行者の存在も疎まれる。しかも、すぐにアパートに入れるわけじゃない。まずはシェルターに入れられて、頑張って仕事を探したり、いろいろな環境を整えると、より環境のいい施設やアパートに入居できる……。

一般的におこなわれている運用だと、すぐさまアパートにはなかなか入れない。決していい環境だとは言えないシェルターや施設に耐えられなくて、せっかく支援につながったのに、路上に戻ってしまう人が沢山いる。

柏木　取材して感じたのですが、大人数の部屋に押し込めるような施設だと、せっかく支援につながれたのに、いやになって逃げてしまうことも多い。それって、意味がないですよね。私たちが「ここで暮らしたくないな」と一般の感覚で感じたら、当たり前ですけど、ホームレスの人もいやなんですよ。

大西　おっしゃる通りです。しかも、役所以外で相談できる場所が少ないことを知りました。困った時にどこに相談していいかわからないんですよね。だから、僕は路上で知らない人にどんどん「困ったら連絡してね」と連絡先を渡していたんですね。

柏木　それ、すごい。勇気がいることじゃないですか?

大西　いま思うと、なにも考えてなかった。目の前のできごとに何とか取り組んで、毎日役所に同行して、ってやっていました。でも、個人の関係でやるのは無理がありました。

柏木　個人では限界があったんですか?

大西　そうですね。僕が忙しいだけならいいんですけど、たとえば誰かが「力になってほしい」と思ってせっかく僕に電話をかけてくれたのに、その時、僕が電話に出ることができなかったとして。公衆電話からかかってきた電話だと折り返せないし、すぐさま連絡ができないこともある。そうなると、せっかく勇気を出して相談しようとしたのに対応してもらえなかった、裏切られたという経験が出来てしまう。それでぷつっと心の糸が切れてしまうかもしれませんよね。

個人で相談を受けるというのは、特に相談が増えてくると、どうしても受けきれない部分が出てきます。だから、ちゃんと時間を指定したり、相談機関としてやっていくということがすごく大事。そのような仕組みをつくっていこう、貧困問題を社会化する活動をしていこうと思い立ちました。

柏木　それで、もやいに関わっていくのですね。

大西　とはいえ、もやいの相談機関だって、来年つぶれるかもしれないし、ずっとある保証はありません。その人が困るタイミングはいつかわからない。だから、本来ならば、安心して相談できる公的機関があったほうがいいと考えています。

「ズバズバ聞きますね」

柏木　それと、本を読んでいると、大西さんって人懐っこいのかなって思いましたね。

稲葉剛さん（もやい前理事長）を、本人がいやがっているのに、「ラビちゃん」って呼び続けたり（笑）。支援に関わる人ってそういう人懐っこさが必要なんですかね。

大西　善し悪しはあるでしょうね。僕は、正直コミュニケーションが得意なほうではないと思います。だから、ちょっと失礼になってしまう時もあるのかも。上下とか関係なく、みんなに一定の距離感で接しています。

柏木　わたし、大西さんの相談に同行したことがあるんです。「死のうと思って東尋《とうじん》坊《ぼう》に行ったんです」という人に「飛び降りちゃいました？　それともそこにうずくまった？」って淡々とした感じで聞いていて。うわ、聞くんだ！　ってびっくりしたんです。でも、滞りなく相談は進んでいったと。

大西　そうですか（笑）。「ズバズバ聞きますね……」ってよく驚かれます。もちろん、踏み込んだほうが相手が楽になると思ったからやっているんですよ。でも、基本的にサラッと聞きたいって気持ちはあります。

たとえば、相談を受けるとき、職歴、家族歴、犯罪歴、病歴、家族のＤＶ、セクシャリティのことも聞きます。なんでそこまで聞くかというと、病気があるかないか、セクシャルマイノリティかどうかでつなげる支援も、活用できる制度や窓口、公的機関に求める合理的な配慮も違ってきます。ですから、すごく必要な情報なんです。けど、だからといって、初めて会った人には言いづらい話ばかりです。
　でも、役所ではそれを言わないときちんと対応してもらえないわけですから、どうせ聞き取るのであれば、重いムードで聞くよりも、サラッと聞きたいんです。意外と、みんなサラッと答えてくれます。
　だから、「言いづらそうだな」って感じたら、むしろ積極的に聞いてみる。1時間後に打ち解けてから聞こう、みたいなことをしていると、お互い「いつ聞くんだ」「いつ聞かれるんだ」と変な探り合いみたいになっちゃうこともあるんですよね。だからサラッと聞く。もちろん、なぜそれを聞くのかをきちんとお伝えしたうえで、ですが。

柏木　なるほど。漫画家と編集者も、そういう関係があります。特に私は性的な漫画を描いていたので、編集者が相談できる人かどうかが大事でした。踏み込んでくれるんだけど、価値観を押し付けてこないとか、私が描こうとする内容に興味を持ってくれているんだろうかとか。編集者の方に聞く準備があるとわかって、ようやく話せる。

大西　興味の有無っていうのはよくわかりますね。夜回りをしていてもそうなんですが、事務的に声をかけてもしょうがないんですよね。「困っていることありますか」と声かけても「ないよ」って言われるだけです。

でも、そこで一歩踏み込んで相手に興味を持って「顔色悪いですけど、体調はどうですか?」とか「足引きずっているけど、痛いですか?」って声かけするだけで、全然反応が違うんですよね。

柏木　それって、面白いですよね。やっぱり人対人なんで、「この人いいな」と思えないと、シャットアウトしちゃいますよね。

大西　本来は当たり前な話なんですけど、自分が支援する立場だと思うと構えてしまうんですよね。「聞かなきゃいけない」とか「間違っちゃいけない」とか自分自身のことでいっぱいになっちゃう。

柏木　わかります。取材で人から話を聞かなければならないのに「わたし、こんなにおどおどしていて恥ずかしい」と思ったりする。相手の話題じゃなくて「こんな態度でバカにされてないかしら」って思いはじめて、自分のことばっかり考えちゃう。

大西　そうですね。僕たちができるのは、関心を示すことなのかもしれない。「誰かに監視されている」と言われて、「じゃあ、精神疾患の可能性があるので、病院へ行きましょう」って言うんじゃなくて。結論は一緒でも、「ちゃんとご飯食べられてる？」とか「相談できる人いる？」って一歩踏み込んでいくことが必要なのかもしれません。

過程を丁寧に

柏木　そう考えると病気に対する正しい知識も必要ですよね。窓口に来た方が「全般性不安障害と統合失調型パーソナリティ障害と解離性障害を患ってまして……」みたいに聞いたこともない病名をズラズラッと並べたら、自分だったら知らない病気の方にどうやって接していけばいいんだろうってすごく焦ってしまうと思うんです。

大西　『健康で文化的な最低限度の生活』の1巻にもありましたね。

柏木　制度もいっぱいあるし、正直な話、福祉事務所によって対応もバラバラですよね。「大丈夫ですよ」って言ってあげたいんだけど、言えない。そういう時って大西さんはどうしているんですか。

大西　今は少しずつ知識も経験も積み重なってきましたからだいたいの予想はつくようになりました。でも、最初からそういうわけにはいきません。最初から自分もわからないという前提で、「一緒に聞きに行く？」みたいな話をしていました。

柏木　ああ、一緒に考えるんだ。それはいいですね。

大西　ホームレス支援もそうですが、ちゃんとやろうとするとかなりハードルが高い。制度のことをはじめ覚えることもいっぱいあるし、つながりみたいなのも必要。だから、次の世代が育たないのかもしれません。

だから、僕は「素人」であることを大事にしているんです。目の前に「お腹が痛い」と困っている人がいたら、「病院に行く？」って声をかけるとか。一般の常識レベルからはじめるのが必要だと思っています。

いまは詳しくなっちゃっているので、ともすると「幻聴が聞こえるんだね。じゃあこの病気だね」と決めつけそうになりがちです。「引っ越ししたいって言っているけど、厳しい交渉になるだろうな」とか。でも、それって自分の脳内で話しているだけで本人と話していないんです。そういう専門的なジャッジはお医者さんがやることだし、役所の方たちがやることだし、ケースワーカーなど制度を運用する人が判断することです。

僕たちの仕事は、その人がなにをやりたいのか聞くことです。制度上難しいと思っても、「ダメです」と僕たちが言うことには意味がないと思っています。やっぱり、「無理」って言われ続けると疲れちゃうでしょう。制度上どうしても制限をつける必要があるから仕方ないんだけれども、僕らまでそれを言う必要はない。もちろん、無理なことを「できる」と言うことはしませんが、「難しいかもしれないけれども聞いてみようか」が大事なのではないかと思っています。

柏木　すごくよくわかります。でも、その「話を聞く」というだけのことが、本当に難しいんですよね。

　ある人が「引っ越したい」と言った時に、「無理だと思うよ」と返せば、その会話はそこで終わってしまう。「ああ、ここでも無理なんだな」って。しかも、「もっとこうしないと」と気がついたら説教しはじめたりして。でも、もしかしたらその「引っ越したい」の先にほかの思いや言葉があるかもしれない。

　たとえば、施設をしょっちゅう脱走する人っていますよね。「そんなに何回も脱走なんかしていたら、役所からの信用が下がるから、いつまでたってもアパートに入れないよ」って傍から見ていると言いたくなるじゃないですか。アパート入居の能力がないと思われてしまいますからね。

　もうちょっと我慢したら……って支援の側は思うわけでしょ。そこで、「なんで脱走したのか」と責めずに聞くのは難しい。

大西　「なんで出たの」って聞くとだいたい「合わなかった」って言うんです。そこで、「みんな合わないけど我慢してるよ」と叱っても意味がない。

「なにかいやなことあったの？」「同部屋の人とうまくいかなかったの？」と角度を変えて聞いてみると、お金せびられたとか、たかられたとか。その人自身に発達障害があり周りと衝突しやすかったとか。「出てけ」と言われていないのに「出てけ」って声が聞こえていて、統合失調症の症状だったとか、そういう問題が出てくることもあります。

やっぱり、相談されると立場が上になってしまいますよね。説教したくなる。同級生が会社辞めても「なんで辞めたの」「我慢できなかったの？」「そんな上司、文句言えばいいじゃん」とか、励ましているようで、でもそれは上からの指導なんですよね。それって対等じゃない。

相談に来る方や、困窮されている方のなかにはずっと説教されてきた人も多い。何かの理由があって、仕事ができないから困窮している。それなのにできないことだけを見て責めても問題は解決しません。みんなに責められてきている人を、さらに僕たちが責めても仕方ない。僕自身が、学生時代「もっとちゃんとしなさい」と怒られ続けてきたからかもしれませんが（笑）。

結果を見て判断して説教するのは簡単です。なぜそうなったのか。過程を丁寧に見ていかないといけない。説教をして自己満足しても、その人の問題解決につながらない、貧困問題も解決しないんです。

「自己責任」ってどう思いますか？

柏木　貧困に陥った人と常日頃接している人って少ない。だから、多くの読者は「自業自得じゃないか」と言う。でも、本人にとっては不遇な状況だったりする。大西さんは、そういう「自己責任論」ってどう思いますか。

大西　僕は、自業自得じゃない要素を持っていない人って少ないと思うんですよ。みんなが思い描くような、「完全潔白な困窮者」っていない。

柏木　自業自得の部分もあると？

大西　でも、それって当然ですよね。誰だって、「もっと勉強していればよかった」とか「あの時、就活頑張っていたらもっといい企業に入れたかも」「あの人と結婚しておけば……」って、人生の選択に失敗はつきものです。自己責任って言いだしたら、誰も反論できません。

柏木　そうですね。人間ってそんなもんですからね。

大西　助けを求める人に対して、粗《あら》さがしをしてしまう。でも、そうやって粗さがしをすることで、自分は不正をただした気持ちになるかもしれないけれど、貧困問題、ホームレス問題はそれでは解決しないんですよね。自分自身の考えや感情とは別に、解決する道を模索するのは実はすごく勇気のいることだと思います。僕も説教したくなっちゃう気持ちになることはありますし。

ただ、生活保護制度は努力の成果、結果や過程は問わず、単純に一定程度困っていたら必要な支援を支給する制度です。『健康で文化的な最低限度の生活』のなかでも、昔は年収2000万円だったのに、生活保護を受けている人が出てきます。「なんで貯金してなかったの」っていう視点は入らない。いま困っているから保護を受けられるんです。そういった、感情や価値観、情緒的な判断が入らない、ということは実はすごく重要なんだと思います。

「自己責任」っていうのは、最強の言い訳ワードなんです。その一言で見ないようにできる。「自己責任」と言われて言い返せる人なんてほとんどいません。自分自身の生活が100％高潔な人はいないと思うので。

柏木　言われてみれば、本当にそうですね。

大西さんの本に、暴力団の方の話が出てきますよね。あとちょっとで、ってところで、寂しくなって昔の兄貴の誘いにのってしまう。もうちょっと頑張れば……って思っちゃうわけです。あれも、「本人の自己責任でしょ」って言ってしまえばおしまいなんだけど、更生したい気持ちも絶対本当なんだよね。

大西　そうなんですよ。更生したい。でも、「自分らしく生きたい」ってみんな思っている。誰だってそんな感情はありますよね。

ちなみに、柏木さんは、僕たちからするとカウンターの向こうにいる福祉の生活課の取材も行っています。取材のなかで感じられたことはありますか？

柏木　若い人のほうが、偏見が大きい印象を受けました。やっぱり自分たちは頑張って安定した仕事を得たと。でも、なんで頑張っていない人にお金をあげなきゃいけないのと感じている。でも、年を取るにつれ、「人生いろいろ」ってわかっていく。

大西　若者のほうが、貧困にリアリティがあるのかと思っていました。

柏木　もちろん、ケースワーカーさんはきちんと教育を受けているので、一般の人よりは勉強しています。それでも、入ってすぐのワーカーさんは「なんでお金がないのにスマホ持っているの」と言う。でも、だんだんスマホがないと仕事ができない状況がわかってきます。外から非合理に見えても、きちんと見ていけば、それぞれの行動にはきちんと理由と合理性があるんです。

大西　よくわかります。この本でも言いたかったんですが、誰かが悪いってことじゃないんですよ。困っているその人が悪いとか、その人に対してうまく支援できない行政が悪いって話じゃない。それぞれが一生懸命やっているんだけど、うまくつながらない。

柏木　実際はそんな感じなんでしょうね。いろんなところですれ違ったり衝突が起きたりしているけど、誰もが完璧ではないし、誰もが一所懸命やっている。

大西　だからこそ、僕たちのような「素人」が間に入る意味があるのかなって思います。それでも、うまくいかないことのほうが多いんですけどね。

柏木　うんうん。よくわかります。大西さんの『すぐそばにある「貧困」』はそのうまくいかなさを含めたリアリティを描いているから、貧困を身近に感じられる。

大西 ありがとうございます。貧困を「すぐそば」に感じられるような本になっていると思うので、ぜひ読者のみなさんも手にとってみてください。

構成：山本菜々子

初出：『SYNODOS』2015年10月19日（再編集して掲載）

柏木ハルコ（かしわぎ・はるこ）
漫画家。1994年小学館ヤングサンデーでデビュー、主に青年漫画誌で執筆を続ける。現在小学館の週刊ビッグコミックスピリッツ誌上にて生活保護のケースワーカーの日常を描く『健康で文化的な最低限度の生活』連載中。

認定NPO法人
自立生活サポートセンター・もやい

〈もやい〉は、「貧困問題を社会的に解決する」というミッションのもと、
2001年に活動をスタートさせました。「経済的な貧困」と
「つながり(人間関係)の貧困」という視点から、ホームレス状態の人への
アパート入居の際の連帯保証人等を引き受けたり、生活困窮者への
相談支援、居場所づくりの活動などをおこなっています。
また、国や自治体に対して政策提言をおこなったり、
社会の仕組みやあり方を変えるためのアクションもおこなっています。

〈もやい〉で活動したい!
〈もやい〉の活動は多くのボランティアメンバーによって支えられています。
ぜひ、一緒に貧困問題について考えていきましょう!
https://www.npomoyai.or.jp/volunteer

〈もやい〉を応援したい!
〈もやい〉の活動はみなさまからの寄付で成り立っています。
ぜひ、ご支援ください!
https://www.npomoyai.or.jp/kifu

認定 NPO 法人自立生活サポートセンター・もやい
〒162-0801　東京都新宿区山吹町 362 番地みどりビル2F
Tel:03-6265-0137 Fax:03-6265-0307
HP : https://www.npomoyai.or.jp/ メール : info@npomoyai.or.jp

困った時の相談先リスト

認定NPO法人
自立生活サポートセンター・もやい
https://www.npomoyai.or.jp/
東京都新宿区山吹町362番地みどりビル2F
［来所相談］火：11～18時（※祝日休業）
［電話相談］03-6265-0137　火：12時～18時／金：11時～17時（※祝日休業）

首都圏生活保護支援法律家ネットワーク
電話：048-866-5040
（月～金：10時～17時　※祝日休業）

東北生活保護利用支援ネットワーク
電話：022-721-7011
（月～金：13時～16時　※祝日休業）

生活保護支援ネットワーク静岡
電話：054-636-8611

東海生活保護利用支援ネットワーク（愛知・岐阜・三重）
電話：052-911-9290
（火・木：13時～16時　※祝日休業）

近畿生活保護支援法律家ネットワーク
電話：078-371-5118
（月～金：10時～16時　※祝日休業）

生活保護支援中国ネットワーク
電話：0120-968-905
（月～金：9時30分～17時30分　※祝日休業）

四国生活保護支援法律家ネットワーク
電話：050-3473-7973
（月～金：10時～17時　※祝日休業）

生活保護支援九州・沖縄ネットワーク
電話：097-534-7260
（月～金：10時～17時　※祝日休業）

法テラス
電話：0570-078374
（月～金：9時～21時／土：9時～17時　※祝日休業）

よりそいホットライン
電話：0120-279-338（24時間）

※2019年4月時点の情報です。

大西 連《おおにし・れん》
1987年東京生まれ。認定NPO法人自立生活サポートセンター・もやい理事長。新宿ごはんプラス共同代表。生活困窮者への相談支援活動に携わりながら、日本国内の貧困問題、生活保護や社会保障制度について、現場からの声を発信、政策提言している。著書に『すぐそばにある「貧困」』（ポプラ社）。Twitter:@ohnishiren

カバーデザイン　福村理恵
カバー装画　柏木ハルコ
図表作成　株式会社アトリエ・プラン

本書は、2015年9月に刊行された『すぐそばにある「貧困」』（ポプラ社）を新書化したものです。新書化にあたりコラムのデータは最新のものに差し替えました。

ポプラ新書
174
絶望しないための貧困学
ルポ　自己責任と向き合う支援の現場
2019年7月8日 第1刷発行

著者
大西 連
発行者
千葉 均
編集
天野潤平
発行所
株式会社 ポプラ社
〒102-8519 東京都千代田区麹町 4-2-6
電話 03-5877-8109（営業） 03-5877-8112（編集）
一般書事業局ホームページ www.webasta.jp
ブックデザイン
鈴木成一デザイン室
印刷・製本
図書印刷株式会社

N.D.C.916/340P/18cm ISBN978-4-591-16344-3

P8201174

ポプラ新書　好評既刊

貧困の中の子ども

希望って何ですか

下野新聞子どもの希望取材班

日本のおよそ6人に1人の子どもが貧困線以下で暮らしているというデータが発表され話題を呼んだ。しかし現状は目に見えにくく、貧困世帯への社会の理解も乏しい。困窮する子どもを見つけ、寄り添い育むために、私たちに何ができるのか。下野新聞で連載され、数々の賞を受賞した大型企画を書籍化！

ポプラ新書　好評既刊

今こそ「奨学金」の本当の話をしよう。

貧困の連鎖を断ち切る「教育とお金」の話

本山勝寛

奨学金を借りる大学生の割合は5割を超え、延滞者も約20万人と増え続けている。一方、メディアでは「奨学金タタキ」の言説が目立つ。いよいよ給付型奨学金もはじまるが、その欠点は各所で指摘されている通りだ。しかし、叩くだけでは何も解決しない。本書は、奨学金のみで東大に合格、ハーバードに通った教育専門家が問題の本質を分析し、現実的な改善策を提言する1冊である。

生きるとは共に未来を語ること　共に希望を語ること

昭和二十二年、ポプラ社は、戦後の荒廃した東京の焼け跡を目のあたりにし、次の世代の日本を創るべき子どもたちが、ポプラ（白楊）の樹のように、まっすぐにすくすくと成長することを願って、児童図書専門出版社として創業いたしました。

創業以来、すでに六十六年の歳月が経ち、何人たりとも予測できない不透明な世界が出現してしまいました。

この未曾有の混迷と閉塞感におおいつくされた日本の現状を鑑みるにつけ、私どもは出版人としていかなる国家像、いかなる日本人像、そしてグローバル化しボーダレス化した世界的状況の裡で、いかなる人類像を創造しなければならないかという、大命題に応えるべく、強靭な志をもち、共に未来を語り共に希望を語りあえる状況を創ることこそ、私どもに課せられた最大の使命だと考えます。

ポプラ社は創業の原点にもどり、人々がすこやかにすくすくと、生きる喜びを感じられる世界を実現させることに希いと祈りをこめて、ここにポプラ新書を創刊するものです。

未来への挑戦！

平成二十五年　九月吉日　　株式会社ポプラ社